NOTICE

SUR LA

SERRURERIE

DE PICARDIE

ABBEVILLE

TYPOGRAPHIE DE P. BRIEZ

1857

SERRURERIE DE PICARDIE

NOTICE

SUR LA

SERRURERIE

DE PICARDIE

PAR P. BRIEZ

ABBEVILLE

TYPOGRAPHIE DE P. BRIEZ

1857.

NOTICE

SUR LA

SERRURERIE

DE PICARDIE

―――

I

Il est, dans l'arrondissement d'Abbeville, une industrie qui a su prendre place parmi les plus importantes productions manufacturières du pays, et qui a conquis aux populations qui l'exercent une renommée presque européenne.

C'est l'industrie de la serrure, autrement dite *serrurerie de Picardie*.

Dans cette partie du Vimeu, dont le canton d'Ault est le centre, Saint-Valery et Gamaches les points extrêmes, quatre à cinq mille serruriers liment, forgent, manipulent le fer à domicile et le plient, avec une habileté particulière, à toutes les destinations. Des convois chargés de leurs produits quittent, chaque semaine, les gares d'Abbeville et de Dieppe, pour aller les répandre sur tous les points du territoire. Ils forment un centre populeux, actif, bruyant, qui a des comptoirs dans la capitale, des représentants dans toutes les villes, des voyageurs sur toutes les routes, qui a ses prospérités et ses crises comme toutes les industries, mais qui doit à ses habitudes domestiques et à l'absence des contacts d'être resté pur, jusqu'ici, des excès et de la chaleur des agglomérations.

De nos jours, la plupart des industries se fondent ou se modifient en vue du luxe : quelque soit leur point de départ, c'est presque toujours là leur but. Elles se développent plus ou moins vite, selon qu'elles correspondent plus ou moins directement à ce côté superficiel de notre civilisation. — La serrurerie a subi aussi l'influence de ce stimulant ; elle a grandi et s'est étendue à mesure que les cités, rivalisant de splendeurs, ont construit leurs palais et leurs monuments, substitué l'entresol à la mansarde et surélevé leurs habitations pour y loger, par couches, leurs habitants.

Mais ce n'est pas le seul encouragement qu'elle a eu : en protégeant les personnes et les intérêts, elle se rattachait une cause bien autrement puissante de vogue et de popularité.

Elle apparut à la fin d'une période de guerre civile, et ce fut au début d'une autre période de perturbation et d'attentat qu'elle prit ce prodigieux mouvement d'extension qui devait toujours ensuite augmenter de vitesse. La révolution grondait dans les profondeurs de la société, brisant tous les liens, sapant tous les devoirs, allumant partout les convoitises et les haines individuelles. La défiance, chassant la sécurité, s'était assise sur le seuil des habitations de nos pères. Ils ne s'endormaient plus, le soir, sous la sauvegarde de l'honnêteté publique, et la cheville de bois ne suffisait plus pour fermer l'huis de leurs rustiques demeures. Il fallait à l'ordre et à la morale une autre sanction. La serrure arriva pour la donner : à cette société, mal défendue par un article de loi et un texte du décalogue, elle a dit : « Je te garderai, » et elle l'a enfermée à double tour.

Avec cette destination multiple, la serrurerie du Vimeu ne pouvait manquer de prospérer. En prenant dans nos mœurs mêmes son élan, elle s'assurait un aliment et des débouchés, et n'avait plus à craindre que la concurrence des centres rivaux : l'intelligence de ses fabricants et l'habileté de ses ouvriers la préservèrent de ce danger, en établissant sa suprématie industrielle. Mais un mal intérieur devait la travailler : victorieuse au dehors, elle se mit à se déchirer de ses propres mains, et un antagonisme violent, mettant en lutte tous ses éléments, amena des situations déplorables.

Quand ces accidents se sont produits, ils ont toujours affecté le Vimeu dans ses conditions économiques. Chaque fois que le travail serrurier s'est affaissé ou s'est relevé, il a fait descendre ou monter le niveau du bien-être public ; car il a pénétré si avant dans les mœurs et les besoins des populations, qu'il pose à lui seul le problème de leur alimentation.

Une industrie qui a cette importance et la responsabilité de tels intérêts, mérite d'être interrogée. Tous ceux qui relèvent d'elle, qui profitent ou souffrent de ses alternatives, ont le droit de lui demander qui elle est, d'où elle vient, et quelles causes ont tour-à-tour agi et pesé sur sa production.

Nous allons essayer de le leur dire.

II

L'acte de naissance de la serrurerie n'a pas été dressé par ses contemporains, et l'on ne fait que tâtonner dans les années présumées de son origine. La plupart des industries montrent des monuments ou des ruines qui ont conservé leurs premières empreintes et datent leurs débuts; celle-ci n'a rien laissé derrière elle et toute trace de son berceau a disparu, bien que dix générations à peine aient passé dessus. Toutes les fouilles faites dans le passé nous ont seulement révélé cette tradition:

Un horloger allemand arriva, un soir, à Escarbotin, et s'y fixa: L'horloge, objet de luxe, était à l'index de nos campagnes, et pour utiliser sa lime il fit une serrure. Le château voisin l'acheta et il en commença une autre... Cet homme et ce village furent le point géométrique d'où partit le rayon industriel du Vimeu.

Plusieurs circonstances semblent confirmer cette donnée.

Il est bien certain, d'abord, que la serrurerie ne se serait pas produite dans une contrée acculée à la mer, fermée aux communications de l'intérieur, étrangère à toute notion industrielle, si elle n'y avait pas été apportée. Il n'est pas moins évident que son introducteur n'a pu venir que d'une contrée où l'on cultivait les arts mécaniques: or, les pays d'outre-Rhin étaient à peu près les seuls qui, à l'époque où nous remontons, fabriquaient les métaux et en particulier l'horlogerie qu'ils faisaient colporter par toute l'Europe. Ce serait un de ces artistes ambulants qui s'arrêta un jour au fond du Vimeu et y fut le père de notre serrurerie.

Escarbotin possède, en effet, une famille dont le nom tudesque révèle une origine germanique et qui, placée à la tête de cette industrie, y a toujours déployé une intelligence et une aptitude remarquables. Il y a un siècle, la maison Maquennehen faisait l'horlogerie qu'elle nous paraît avoir encore exercée pendant le précédent, mais en y ajoutant d'autres produits. La première fois qu'il est fait mention d'elle dans les actes publics, c'est en 1636 : dans la même année, ces actes enregistrent aussi, pour la première fois, un serrurier. Cette coïncidence est frappante et semble attester que la famille allemande et la serrure sont arrivées ensemble dans le Vimeu, l'une apportée par l'autre. Elles auraient ainsi pour origine commune la fin du XVIe siècle : on sait qu'alors le chronomètre en vogue était le sablier, et en attendant que le discrédit chassât cet hôte privilégié de nos pères, l'étranger a dû mener concurremment d'autres travaux. De l'horloge à la serrure, il n'y a que la distance du foyer à la porte. Il se serait emparé de cette dernière, que ses descendants auraient ensuite abandonnée à mesure que la civilisation mettait en honneur leur art primitif, pour s'y rattacher définitivement, quand elle prit, le siècle passé, l'essor que nous raconterons.

Ces faits, s'ils ne reposent pas sur des témoignages rigoureux, sont plausibles : chacun d'eux apporte sa présomption au fait principal, et constitue, à nos yeux, son authenticité historique.

La serrurerie serait donc un dérivatif de l'horlogerie, une branche arrachée par un passant au tronc industriel de la Germanie, et jetée par lui, au bout de sa course, dans un village du Vimeu. Elle prit racine où elle tomba, et la combinaison des deux sèves produisit l'arbre vigoureux dont les fruits nourrissent aujourd'hui une riche et populeuse contrée.

Née à une époque de guerre civile, la serrurerie nous dérobe ses premiers essais, mais tout porte à croire qu'ils furent pénibles. Elle avait affaire au flegme rural, nulle part plus tenace que dans le pays où elle s'implantait, et à une foule d'éléments rebelles qu'il lui a fallu d'abord adapter à ses formes.

Avant son arrivée, les actes publics du Vimeu n'accusent, en dehors de la grande et de la petite culture, que deux corps de métier, les *tisserands* et les *sergiers,* les premiers qui fabriquaient la toile, les seconds la serge. La mère et la fille filaient la toison de leurs moutons et le lin de leur champ; le mari les façonnait, et les deux tissus servaient à habiller la famille, l'un pendant l'été et l'autre pendant l'hiver. Les habits des deux sexes étaient taillés indistinctement dans ce produit domestique, depuis le bonnet de laine jusqu'aux bas de toile.

De semblables habitudes, ayant pour elles l'autorité d'une longue transmission, ne s'abandonnent pas facilement, et malgré l'appât de la nouveauté, l'industrie nouvelle ne devait se recruter qu'avec peine parmi elles.

Aussi, un siècle plus tard, nous la retrouvons encore à l'enfance. Elle avait bien brisé ses langes et sauté à bas de son berceau pour se répandre au dehors, mais ses conquêtes se bornaient à quelques villages et à quelques familles : Fressenneville, Nibas, Woincourt, Béthencourt, Ault, La Croix-au-Bailly, Dargnies, Tully, étaient, avec la commune de Friville-Escarbotin-Belloy, les seuls centres où on limât le fer.

La difficulté de ses premiers pas s'explique encore par celle de son mécanisme.

Aujourd'hui que son accès est si facile et que, pour l'aborder, il suffit d'avoir deux bras et une intelligence quelconque, on ne se rend pas compte de ce qu'était un apprentissage aux XVIIe et XVIIIe siècles. Une serrure n'était pas un résultat mécanique, un composé de morceaux taillés à l'emporte-pièce, qu'un ouvrier assemble, rive et polit plus ou moins habilement. Le cuivre et la fonte malléable, substitués au fer et prenant, dans un moule, la forme que celui-ci ne recevait que de la lime, n'étaient pas encore venus simplifier le travail et suppléer le talent. La fabrication avait conservé ses procédés élémentaires, et chacun de ses produits, laborieusement exécuté, était l'œuvre d'une seule main, chacun de ses détails l'objet d'une étude spéciale. Aussi la pratique était-elle lente : elle exigeait presque toujours cinq ou six années, le même temps que l'on met de nos jours à faire un bachelier.

Et, de fait, la serrurerie constituait, à cette époque, une sorte de privilége social, un but ardemment poursuivi par les rivalités champêtres. Le père de famille n'attachait pas moins d'amour-propre à y faire entrer son fils qu'il n'en met aujourd'hui à le pousser dans une carrière libérale; mais pour atteindre à cette position enviée, on devait, nous le répétons, se placer sous un maître, rétribuer d'un prix élevé son enseignement, apprendre pièce à pièce le mécanisme de la *sûreté*, depuis la syntaxe de la clef jusqu'aux hauts problèmes de la garniture: après quoi on accomplissait ses vingt-cinq ans, on rentrait sous le toit paternel, on construisait sa forge et on prenait, à la face de son village, le titre de serrurier.

Peu d'individus, on le conçoit, pouvaient se donner le luxe de cette dispendieuse éducation: l'indigent en était exclu, les existences pressées y renonçaient, ou bien elles se bornaient à apprendre une partie, et cette branche, rapportée par elles dans leur localité, y était exclusivement cultivée. Telle est l'origine des différentes spécialités qu'on rencontre dans certains villages. Fressenneville fit le *cadenas*, Feuquières la *sûreté*, Dargnies et Woincourt la *clef*, Saint-Blimond le *bec-de-canne*, Ault la *porte-cochère* et le *pène dormant*, Béthencourt le *pupitre* et la *malle*. Pratiquée en détail, la serrurerie fut plus facile à saisir et put s'étendre et se développer, malgré les difficultés pratiques de son rudiment.

L'aisance, on le voit, était une condition presque toujours rigoureusement exigée de l'apprenti pour être admis dans l'atelier: elle ne suffisait même pas toujours pour en forcer la porte. Le maître éprouvait une suprême répugnance à communiquer une industrie qu'il avait héritée de son père ou acquise à beaux deniers. En livrer le secret, c'était aliéner son patrimoine; aussi le plus souvent il ne formait que son fils.

L'éloignement des marchés où ses produits s'écoulaient formait une autre nature d'obstacles. Paris était son seul débouché et il y expédiait directement, à ses risques et périls, le travail de sa semaine : or, que l'on tienne compte des difficultés de communication, des lenteurs et des dégoûts qui en résultaient, puis des différences de latitude sociale, de l'état policé du Vimeu calculé au méridien de Paris, et l'on comprendra ce qu'une industrie débutant dans ces conditions dut rencontrer de résistance et de traction.

L'indolence caractérisait cette fabrication attardée et lui donnait une physionomie particulière. Le serrurier n'allumait jamais sa lampe : Dieu ayant suspendu le soleil devant sa vitre, il se contentait de cette clarté gratuite et laissait la nuit souffler le flambeau sans lui demander une heure de grâce. L'hiver arrivait-il avec son approvisionnement de givre, de neige et de froid? il clouait son châssis, s'établissait pour trois mois au coin du feu et s'y chauffait de paille et de feuilles sèches : car alors on brûlait sa paille, au lieu d'en engraisser son champ.

La serrurerie avait donc conservé ses formes primitives et patriarchales, malgré l'élan que le xviiie siècle imprimait à toute chose; mais à l'époque de la révolution, la fièvre la prit comme tout le monde. L'étau serra avec rage ses deux mâchoires, et la lime grinça des dents. Du reste, rien ne changea encore, ni dans la manière de fabriquer, ni dans les difficultés d'apprendre; seulement tout se fit plus assidûment, on n'interrompit plus son travail devant l'intempérie d'une saison, et au lieu d'éloigner l'apprenti on le rechercha.

C'est alors que se formèrent ces commissionnaires

dont notre âge a vu disparaître les derniers, et qui, pendant un demi-siècle, ont centralisé les produits de cette fabrication éparse. Ils les achetaient sur place pour le compte du négociant étranger dont ils étaient les agents accrédités auprès de l'ouvrier. Cette forme nouvelle eut le double résultat d'encourager en même temps les transactions et le travail. Le quincaillier de Paris pouvant communiquer chaque jour, par son représentant, avec le serrurier, multiplia ses achats, et celui-ci, débarrassé des soucis de la vente, produisit sans relâche. Ses bénéfices, bien entendu, s'accrurent et ne firent que stimuler ses bras: en voyant des parcelles d'or jaillir sous sa lime, il lima jour et nuit.

En même temps, le pays avait subi une autre transformation : le commissionnaire qui faisait l'échange des marchandises s'était fait, à son insu, l'intermédiaire des idées. Paris, qu'il visitait quatre fois l'année, le payait en or et en civilisation, double monnaie qu'il livrait, en rentrant, à la circulation de son village.

Quelques serruriers, n'acceptant pas les nouveaux-venus, étaient restés en communication directe avec les comptoirs parisiens, et y émoussaient aussi leurs angles.

Il était curieux de voir ces voyageurs au départ, et de les revoir au retour. Ils quittaient leur forge en s'essuyant le front, chaussaient leurs gros souliers ferrés, prenaient leur bâton à lanière de cuir et s'en allaient à pied. Le frottement de la route les préparait ; puis le progrès, qui les attendait à la porte Saint-Denis, les enlevait dans sa sphère, faisait passer sous leurs sens la féerie de ses fêtes, de ses bazars et de ses monuments. Après huit jours d'éblouissement et de rotation, ils retombaient dans leur famille, avec quelques-uns des rayonnements de la capitale. La contrée copiait leur pas, leur cambrure, le nœud de leur cravate, et toutes les langues s'essayaient à prononcer les expressions qu'ils avaient apprises. A chacun de leurs voyages, ils enrichissaient leur répertoire et polissaient une de leurs faces à la roue parisienne.

Le quincaillier de Paris venait souvent lui-même faire ses achats et déteignait sur les habitudes, le langage et les mœurs: de plus, il envoyait son fils étudier la serrure dans l'atelier picard. Les deux natures, mises ainsi en contact, réagissaient l'une contre l'autre avec l'ardente résistance de leurs préjugés; le Parisien grattait avec le bout de son ongle l'âpre écorce de nos pères, le serrurier étreignait le Parisien dans son étau; mais, comme il arrive toujours, la rudesse était battue, et si le fils du négociant avait peu limé le fer pendant son apprentissage, en revanche il avait beaucoup limé les hommes.

C'est dans ces circonstances qu'apparut, dans le Vimeu, une autre industrie qui a joué un rôle et exercé une influence qu'il est indispensable de faire connaître.

Le blocus continental venait de fermer nos frontières à l'importation des marchandises et des machines. Napoléon avait décidé que la France se suffirait et, avec sa promptitude habituelle d'exécution, il avait imprimé à notre régime manufacturier l'impulsion que sa main communiquait à tout ce qu'elle touchait. On élevait des usines, on fabriquait des appareils, en s'appropriant les procédés mécaniques des peuples dont nous étions restés jusqu'alors les tributaires. Enlevé à l'Angleterre, le métier fileur fit surgir partout des ateliers de construction, et chacune de ses pièces donna à son tour naissance à une industrie spéciale. Notre contrée, à cause de ses aptitudes ouvrières, adopta son plus important détail, le cylindre cannelé (1).

Si la serrure a une origine germanique, le cylindre est donc de provenance anglaise. Est-ce de leurs inimitiés nationales que procède leur antagonisme industriel? Qu'importe! jetés au hasard au milieu du Vimeu, ils se sont fortement implantés dans ses usages, son caractère, ses mœurs, et sont devenus en quelque sorte les deux productions naturelles de ce sol métallique.

C'est encore à Escarbotin que s'éleva le premier atelier où l'on fabriqua le cylindre cannelé. Il y avait là un vieux château que la révolution avait rendu désert comme tant d'autres : un Valericain, M. Rivery, y installa la production nouvelle. Les avantages que présente toujours une carrière qui s'ouvre, eurent bientôt fait surgir des établissements rivaux : douze autres se formèrent à côté du premier qui quitta, un jour, le château, pour aller se fixer à Woincourt. Il y grandit rapidement et acquit, dans des mains habiles, une importance qu'il a toujours conservée. Les autres restèrent groupés tant à Escarbotin qu'à Friville, et l'industrie nouvelle, qui avait élu

---

(1) Le cylindre cannelé est la pièce capitale du métier fileur; il sert à étirer et à régulariser le fil. Sa fabrication exige la plus grande précision, surtout dans le diamètre, la cannelure et l'emmanchement. Trente ou quarante bouts, ayant chacun quarante ou cinquante centimètres de longueur, sont ajustés l'un dans l'autre et doivent tourner avec la rondeur cylindrique d'un seul.

domicile dans ces deux villages, n'en franchit plus, depuis, les limites.

Rien ne lui manqua, du reste, pour se développer, ni les débouchés ni les bras. Paris, Lille, Rouen, l'Alsace, luttant de vitesse à construire leurs appareils et leurs usines, lui demandaient à l'envi ses produits. D'un autre côté, elle voyait venir à elle une foule de travailleurs qui n'avaient pu entrer dans la serrurerie à cause des difficultés de son rudiment, ou qui en sortaient parce qu'elle ne leur servait plus de salaires assez gros. Elle prenait tout à sa solde, élite et rebut, quitte à tout classer : la variété de ses emplois lui permettait de tirer parti de toutes les forces.

Par la nature des intérêts auxquels elle touche, la fabrication du cylindre cannelé a dû toujours subir les contre-coups des évènements extérieurs. Pendant tout le cours de l'ère impériale, elle partagea ses vicissitudes, refléta ses victoires et ses défaites. Une bataille gagnée ou perdue lui communiquait son élan ou sa catastrophe, et un bulletin de la grande armée, lu le dimanche à la porte de l'église, réglait la quotité du travail de la semaine.

L'Empire tombe : on sait ce qui suivit et comment la paix développa les conséquences du système commercial qu'il avait inauguré en France. La filature de coton et celle de laine, quand elles n'entendirent plus gronder l'invasion, se répandirent dans nos provinces, s'assirent sur nos cours d'eau ou se logèrent dans les cloîtres déserts de nos antiques abbayes. Les usines, dont le sol se couvrit, exigeaient un matériel nombreux dont l'industrie française était l'habile et infatigable pourvoyeuse. Escarbotin plaçait le cylindre cannelé sur toutes ces machines. On comprend ce que ce vaste approvisionnement, que nul encore ne lui disputait, jeta dans son sein d'animation et de vie.

Cette période fut courte, mais elle est restée profondément gravée dans les souvenirs de l'ouvrier. Sa détresse présente, le dénuement où l'a réduit l'abaissement continu des salaires, lui rappellent trop bien les joies de ce banquet où il a bu, ri et chanté. Qu'on se figure une population éparse, accourant de tous les points pour s'enfermer dans l'atelier où la saisit l'ivresse de l'or et du contact, où elle s'étourdit de bruit et de mouvement. Un simple hameau est devenu tout-à-coup l'axe qui fait tourner trois lieues du sol. Chacun veut être ouvrier, et tout ouvrier, fabricant : on bouleverse son logis pour faire place à l'enclume. Partout où l'on trouve un homme, on le prend au collet ; on arrête le passant dans la rue, on enlève l'agriculteur à sa charrue, et on les cloue tous les deux à l'établi en leur disant : *vous serez machine*.

Cet ouvrier, dont les bras étaient si recherchés, les tenait, bien entendu, à un prix élevé. Il se mettait à l'encan, et reprenait presque toujours sa liberté après la paie du samedi, pour l'aliéner de nouveau le lendemain au cabaret. Là avait lieu le marché de ces nouveaux esclaves noirs, où les traitants de la forge accouraient dès le matin, buvaient, haranguaient, marchandaient. Leur personnel variait chaque semaine, selon que, le dimanche, ils avaient bien ou mal fait ces trois choses.

Au milieu de cette fièvre d'activité, tout avait le caractère de la hâte. On ne prenait ni le temps de s'habiller, ni celui de se loger. Le luxe n'avait là que faire. C'est sous un habit de tiretaine et sous un toit de chaume qu'on gagnait une fortune. On ne s'occupait pas davantage des chemins; les rues restaient défoncées, et le sol partout descendu sous les pas de l'industrie pesante qui le foulait. Le charretier passait avec sa charge de fer et de charbon sans se retourner pour jeter une pierre dans l'ornière où son attelage avait glissé.

Mais le trop plein des produits amena un premier chômage. Des crises fréquentes vinrent paralyser le travail manufacturier, et par conséquent imposer des temps d'arrêt au cannelé. Ces brusques et fâcheuses intermittences le dépopularisèrent en peu de temps et mirent bientôt la désertion dans ses rangs. Les bras se reportèrent sur la serrurerie, industrie plus régulière et moins saccadée.

Ce n'est pas que celle-ci n'eut aussi ses heures de défaillance; mais si, parfois, sa vente se ralentissait ou s'arrêtait, elle n'était pas tenue de faire comme l'autre et de suspendre sa fabrication. Peu variable, la serrure a toujours cours: le consommateur du jour la repousse-t-il? elle attend le consommateur du lendemain, et travaille toute une saison, toute une année, pour la saison ou l'année qui suit. Eminemment mobile et progressive, au contraire, sa rivale n'opère que sur des mesures données et doit s'interdire tout placement anticipé, sous peine de spéculer toujours à faux. Quand la crise se présente, il faut qu'elle se croise les bras et attende.

D'où il résulte pour elle une infériorité relative qui justifia l'abandon dont elle fut l'objet. Le fabricant de cylindre, fatigué de ses alternatives, passa, avec armes et bagages, dans l'autre camp, et le soldat suivit son chef.

L'entrée de l'élément mécanique dans la serrurerie eut pour effet de lui imprimer une marche plus vive et plus rapide. A mesure aussi qu'en s'étendant elle augmentait la masse de ses produits, de nouveaux agents se présentèrent pour en opérer l'écoulement. C'est ainsi qu'il se forma des négociants, c'est-à-dire des hommes qui achetèrent le travail quotidien de l'ouvrier et le revendirent, à leurs risques et périls, aux comptoirs de la capitale. Désormais trois catégories d'expéditeurs, le commissionnaire, le négociant, et quelques ouvriers refusant l'intermédiaire de ceux-ci, alimentèrent les marchés et s'y firent une concurrence qui devait naturellement réagir sur le travail et lui donner un nouvel élan. La consommation, d'ailleurs, croissait dans la même proportion.

A ce moment, en effet, une transformation complète s'opérait dans les mœurs et le goût publics. Le luxe, venu à la suite du mouvement manufacturier, envahissait toutes les classes, réformait les habitations avec les costumes et imposait pour condition, à toute industrie qui voulait vivre, de livrer à bon marché des produits brillants. La serrure se modifia comme tout le reste: on simplifia son mécanisme, on chercha des combinaisons nouvelles où le solide fut presque toujours sacrifié à l'élégance. On obtint ainsi ce que réclamait la vogue, des résultats légers et superficiels: le beau prit, sans coup férir, la place du bon.

Une fois entré dans cette voie, on devait aller jusqu'au bout, et chaque année inscrivait son perfectionnement au point de vue de la rapidité et de l'économie d'exécution. C'est d'abord le cuivre qui supplante le fer dans les parties les plus apparentes ou les plus ardues. Il remplace le *cache-entrée* pour briller, le *canon* et le *fouillot* pour accélérer le travail, la *gorge* pour corriger la dureté des frottements. Un peu plus tard, la fonte malléable vient reprendre le problème et résoudre d'autres difficultés de forme, en livrant tout modelés la *clef* et le *pêne*. La serrure ne se composa plus, dès-lors, dans ses éléments essentiels, que de pièces coulées et façonnées dont la main d'un enfant déterminait les fonctions. C'était, évidemment, la rendre plus accessible et vulgariser sa pratique, puisqu'on réduisait à quelques mois un apprentissage de plusieurs années.

Et comme si la formule ainsi abrégée ne fut pas encore assez concise, on inventa des outils qui plièrent les fers les plus rebelles aux formes les plus délicates, qui découpèrent et détaillèrent les produits pièce par pièce, ressort par ressort, de manière à ne plus laisser qu'un travail machinal d'assemblage. River et polir devinrent l'unique et élémentaire fonction du serrurier; une lime et un marteau composèrent tout son bagage. Pouvait-on ramener une industrie à des termes plus simples?

Qu'étaient devenus, au milieu de ces dernières phases, le négociant et le commissionnaire? Ils avaient disparu successivement, ou plutôt ils s'étaient aussi transformés. Du moment qu'on enlevait la fabrication à l'ouvrier, ils ne pouvaient plus ni acheter ni commissionner; il leur fallut donc s'organiser pour n'avoir plus que des façons à lui demander. C'est ce que tous s'empressèrent de faire: ils élevèrent à leur tour des ateliers, y installèrent des machines et se livrèrent, à l'envi, à un travail de préparation qui, peu à peu, embrassa tous les détails.

Ce n'est pas que les ouvriers n'opposassent de vives résistances à une révolution qui venait bouleverser toutes leurs conditions d'existence; ils luttèrent longtemps contre elle, et si tous suivent aujourd'hui le mouvement, plusieurs ne font encore que le subir. Ils avaient supporté les ennuis et les frais d'un long apprentissage, ils avaient monté un outillage dispendieux, et quand on vint leur dire que tout cela était devenu inutile, qu'il ne fallait plus d'apprentissage, plus d'outils, plus d'habileté, plus d'intelligence, il était naturel qu'ils protestassent et continuassent à fabriquer; mais l'atelier du marchand produisait à plus bas prix qu'eux, et ils durent bientôt ou briser leur lime, ou, malgré leur profonde répugnance, accepter des façons. Dès ce moment il n'y eut plus, à proprement parler, dans le Vimeu, que des *façonneurs*.

Telle est, aujourd'hui, la situation. La serrurerie se divise et s'exécute en deux parties, l'une qui prépare, l'autre qui achève. La première se fait chez le patron, la seconde chez l'ouvrier. Ainsi centralisée à son point de départ, la fabrication a un caractère qui va bien à nos habitudes de symétrie. Les produits, sortis des mêmes matrices et en quelque sorte des mêmes moules, ont un air de famille qui dénonce leur origine et l'atelier qui les a manipulés. Mais cette brillante uniformité va souvent trop loin et ne sauvegarde pas toujours la porte du propriétaire: on a vu plus d'une fois une même clef ouvrir tous les appartements d'un quartier.

L'introduction des machines a amené un autre résultat : c'est la dépréciation de la main-d'œuvre et son abaissement successif à des limites fabuleuses. L'ouvrier façonna d'abord avec la lenteur inhérente à l'imperfection des procédés ; on lui livrait toutes les parties de la serrure à l'état brut, sans aucune appropriation spéciale aux fonctions qu'elles devaient remplir, et il fallait qu'il leur donnât l'aptitude de leur emploi. Mais à mesure que l'esprit de recherches, stimulé par la concurrence, inventait un outil, une pièce se dégrossissait, et le prix de façon subissait une diminution correspondante. Lorsqu'on en fut venu à soumettre à l'action mécanique les plus petits détails, alors la baisse n'eut plus de frein. Il est vrai que la production n'en eut pas davantage, et les quantités fabriquées augmentèrent dans la proportion du travail réduit. L'ouvrier façonna une *armoire* pour vingt centimes, mais dans sa journée il en façonna dix. Pour le même prix de vingt centimes, il fit douze cadenas, mais chaque soir il en avait fait une centaine.

Il ne faut pas croire, toutefois, que tout ce qui tient aujourd'hui une lime façonne nécessairement : certaines serrures, par la précision de leurs mouvements et la variété de leurs combinaisons, échappent à tout travail machinal. On peut bien préparer certaines parties, mais les plus importantes doivent être abandonnées à l'initiative intelligente de l'ouvrier : telles sont les *sûretés à garniture, à gorges* et *à pompe*, les *portes-cochères*, etc. C'est ainsi que l'on peut encore voir à Feuquières, Ault et plusieurs autres communes, la serrurerie pratiquée dans ses conditions primitives, où tout est demandé à la lime, rien à la machine, tout à l'habileté individuelle, rien aux solutions mécaniques.

Il serait curieux maintenant de suivre les transformations périodiques de chaque spécialité, et d'indiquer les diverses substitutions de systèmes. Cette nomenclature nous mènerait trop loin; nous la limiterons a deux catégories principales.

Si le *tour et demi bouton de coulisse* a peu varié, il n'en est pas de même du *pène dormant demi-tour* sur lequel se portent de préférence les recherches des inventeurs. Cette serrure est la plus généralement adoptée pour la fermeture des appartements, et cette faveur explique les essais dont elle fut constamment l'objet et les améliorations définitives qu'elle a reçues. Elle formait autrefois un coffre disgracieux de dix-sept à dix-neuf centimètres, avec un mécanisme compliqué qui en exagérait le prix. Longtemps on chercha à la remplacer et l'on eut recours, pour cela, à une foule de combinaisons plus ou moins défectueuses qu'il serait superflu de rappeler. Enfin, la maison Sterling, dont le siége était à Paris et l'usine à Woincourt, inventa un mouvement simple, solide, élégant, dont la vogue s'empara immédiatement. Le règne de la serrure S T fut long et incontesté jusqu'au jour où le pène Jacquemart vint lui disputer son domaine. C'est à Charleville (Ardennes) que la nouvelle combinaison avait été conçue, et le monopole retarda longtemps sa prise de possession du Vimeu. Mais la consommation avait fini par se déclarer pour elle, et quand le brevet fut périmé, tous les fabricants l'acceptèrent. Elle est aujourd'hui universellement admise, mais avec des modifications particulières à chaque maison : tout en conservant le principe qui lui sert de base et de raison d'être, chacun a voulu s'approprier les détails. Notons aussi le pène dormant à *trainette,* dont la pratique fort ancienne s'est continuée, malgré la supériorité de ses rivaux et les vices de sa structure.

Sans avoir passé par des phases aussi multiples, la *sûreté* s'est aussi transformée; mais je ne sache pas que l'innovation ait rien ajouté aux garanties que son nom exprime. Loin de là : le vieux système *à successions* de nos pères défiait plus hardiment l'arsenal du vol, que l'élégante mais fragile superposition de nos gorges modernes. Le serrurier du xviiie siècle mettait deux ou trois semaines à combiner sa garniture *baroque* ou *à l'infini*, tandis que la serrure à *gorges mobiles* sort en deux jours, pimpante et *frisée*, des mains de nos impatients Fichets. L'une se vendait de cent à deux cents francs, l'autre n'en coûte que dix. La première s'ouvrait avec une clef, chef-d'œuvre de ciselure, mais lourde et peu portative; la seconde ne vous met aux doigts qu'un léger anneau qui tient plus de la breloque que de l'outil. Ces différences expliquent les préférences accordées au travail facile, dans lequel la rapidité et le bon marché prennent si souvent la place de l'art.

Chaque espèce offre à peu près les mêmes variations, et nous conduirait à des observations identiques si nous poursuivions plus loin cette revue.

Dire maintenant tout ce qui, de fer, de cuivre et de fonte, devient serrure quelconque, est assez difficile. Une industrie fractionnée et éparse ne se laisse pas aisément saisir, et celle-ci passe en tant de mains que la statistique la plus rigoureuse ne saurait embrasser tous ses éléments. Nous donnerons à nos évaluations toute la précision obtenue par de consciencieuses recherches, mais sans entendre garantir l'exactitude mathématique des chiffres que nous poserons.

III

Trente maisons environ fabriquent aujourd'hui la serrurerie.

Le nombre des ouvriers dans les quatre cantons d'Ault, Gamaches, Saint-Valery, Moyenneville, dans Abbeville et quelques localités qui rayonnent autour de lui, est d'environ.................... 5,000.

Ces hommes travaillent 6 jours par semaine et y ajoutent souvent une nuit, celle du samedi au dimanche : en défalquant de cette somme de travail les jours fériés, le chômage partiel de la moisson et quelque peu celui du lundi, il reste de jours ouvrables dans l'année...................... 280.

Le salaire du serrurier, pris à différentes époques et dans des conditions normales, donne une moyenne par jour de........................... 4 fr. 70.

En multipliant l'un par l'autre ces trois chiffres, nous obtenons, pour salaire annuellement payé, la somme de......................... 2,380,000 fr.

Or, le salaire entre dans le prix de revient pour 5/10.

La production serrurière du Vimeu s'élève donc,

bon an, mal an, à.................... 4,760,000 fr.

Nous trouvons la preuve de ce dernier chiffre et par conséquent de tous ceux dont nous l'avons déduit, dans la somme des produits expédiés en 1856.

La gare d'Abbeville a enregistré du 1er janvier au 31 décembre... 1,353,958 kil.
Celle de Dieppe a reçu environ.................. 233,000
                                    ─────────
                                    1,586,958 kil.

La serrurerie confectionnée étant évaluée en moyenne à 3 fr. le kilo, nous obtenons pour l'année 1856.... 4,760,874 fr.
Soit en chiffres ronds.............. 4,760,000 fr.

La matière première se décompose en trois parts afférentes à trois sortes d'ingrédients, le fer, le cuivre et la fonte malléable.

Fer. — La tôle en feuille des Ardennes a toujours eu la préférence exclusive des achats. Une de ses usines s'était faite autrefois une part prépondérante dans les approvisionnements du Vimeu, et le nom de *Friquet* était devenu le symbole populaire du bon et du beau en produits métallurgiques. Mais son prix élevé l'a fait presque totalement abandonner. Aujourd'hui, grâce à l'intervention des machines, on a raison des fers les plus résistants et on recherche moins la souplesse que le bon marché des matières.

Les hauts fourneaux de cette contrée nous envoient trois sortes de tôles: la tôle *Pudlee*, trop chère pour être d'un emploi fréquent; la tôle *mixte*, qui justifie son nom par les fraudes dont elle est l'objet, et la tôle *fer fort*, qui absorbe la plus grande partie de la consommation.

Les tôles étroites ou à palatre se laminent sur d'autres points: on les demande à Montataire, Châtillon, Fourchambault et Vierzon.

C'est exclusivement le Berry qui fabrique les verges: Troncais, Fourchambault et Vierzon s'en partagent le monopole.

Le cylindre cannelé est resté fidèle aux forges qui l'ont toujours alimenté; non pas qu'il n'ait quelquefois voulu se soustraire à leurs exigences, substituer à leurs fers battus des laminés, à leurs ronds à grain des carrés demi-roche, mais le discrédit que ces produits défectueux lui infligeaient le forçaient toujours à les délaisser. Il ne peut guère s'adresser, s'il veut reconquérir la vogue qui lui échappe, qu'aux métallurgies du Berry ou de la Franche-Comté.

Cuivre. — Ce n'est pas dans les articles inférieurs que le cuivre trouve son emploi: son prix élevé l'exclue de cette catégorie dont le bon marché constitue à peu près tout le mérite. Mais dans la serrurerie de précision et de luxe, il tend à prendre une place de plus en plus large; il y entre, comme matière première, pour un sixième. Une fourniture si importante tenta la spéculation indigène, et quelques fonderies furent créées qui se la disputèrent vivement. Leurs succès en firent surgir d'autres, et aujourd'hui on compte quatre ou cinq établissements de ce genre. C'est peut-être la branche la plus vivace de notre tronc industriel, celle qui rémunère le mieux le patron et l'ouvrier, le capital et le travail.

Fonte malléable. — Cette matière, de récente importation dans le Vimeu, y a soulevé à son apparition une véritable tempête. Rendue souple et flexible par un procédé de cuisson, elle venait remplacer le fer dans les travaux les plus compliqués de forge, et rompre les bras à trois cents serruriers. On protesta donc, et avec d'autant plus d'énergie que ses produits étaient exclusivement fabriqués par une maison étrangère (1). Cette tache originelle a disparu en partie : l'industrie nouvelle est venue se fixer dans le Vimeu, et, après des débuts pénibles, s'y est définitivement acclimatée. Elle s'exploite aujourd'hui dans plusieurs établissements, et en donnant à l'ouvrier son travail et ses salaires, elle a fait taire ses récriminations.

Nous croyons avoir fait connaître suffisamment la production. Nous allons maintenant dire quels sont les marchés où elle s'écoule et les concurrents qu'elle y rencontre.

Consommateurs. — Paris est le grand débouché où chacun court vendre, consigner, entreposer. Absorbant de nombreux articles pour ses constructions, se chargeant de plus d'alimenter les petits comptoirs de province, il tente, par ses larges opérations, le fabricant picard, toujours pressé de se dégager. Mais à force d'affluer au même point, on y fit naître l'encombrement et, par suite, la dépréciation.

(1) Pendant plusieurs années, tous les articles en fonte malléable employés par la serrurerie, furent fournis par la maison Elliot de Pont-Audemer.

Quelques maisons sortirent alors de cette lice trop pleine et visitèrent la province qui leur fit des conditions meilleures. Jusqu'à ce moment, leurs voyageurs s'étaient contentés de parcourir la Somme et les départements adjacents, se hâtant de revenir lorsqu'ils avaient touché leur circonférence. Paris, Rouen, Lille, étaient les points extrêmes au-delà desquels personne n'osait s'aventurer. En fractionnant leur vente et en la faisant elles-mêmes aux consommateurs, elles ont diminué leurs risques et se sont assuré les bénéfices des maisons de gros de la capitale, qui avaient eu jusque là le monopole de toutes les fournitures provinciales.

Aujourd'hui, la serrurerie du Vimeu est la pourvoyeuse directe et immédiate des quatre-vingt-six départements de France et de l'Algérie.

Elle ne saurait s'étendre plus loin et tenter l'exportation, parce qu'en franchissant notre cordon douanier, elle rencontre deux rivales avec lesquelles toute lutte est impossible. La serrurerie allemande et la serrurerie anglaise n'ont pas ce cachet de perfection qui caractérise tout ce qu'a touché la main de nos ouvriers, mais à nos qualités brillantes elles opposent un résultat positif qui fera toujours poids dans les préférences du consommateur — un bon marché inouï obtenu par des machines plus puissantes et des matières premières presque gratuites.

Concurrents. — Trois centres fabriquent la serrure concurremment avec la Picardie : Charleville, Saint-Etienne et Tinchebray.

1º Charleville confectionne tout ce qui comprend la

fermeture du bâtiment : il fait la serrure comme fraction de ce tout, mais non comme spécialité. Ses différents articles, *fiches, charnières, vis à bois*, etc., sont taillés, ployés, râpés sous la préoccupation exclusive du bon marché. Son pêne dormant porte la même empreinte : il est rude et disgracieux comme une ébauche.

Placée au centre des métallurgies ardennaises, cette ville obtient, dans l'achat de ses matières premières, un prix de faveur toujours accordé au voisinage et, de plus, économise les frais d'intermédiaire et de transport. C'est pour conserver les avantages que lui constitue sa position géographique, qu'elle n'exécute que des travaux où la matière ne laisse à la main qu'un rôle secondaire, où le fer absorbe l'outil. D'ailleurs, ses ouvriers ne sont pas disséminés, mais rassemblés dans de grands ateliers, et l'industrie des laines lui fait la concurrence des bras : double circonstance qui maintient toujours élevé le prix de sa main-d'œuvre. Elle ne peut donc aborder que les ouvrages qui se font vite. Toute sa passion est d'expédier son fer, n'importe à quel degré il soit ouvré : la main n'est qu'un dernier laminoir où passe et s'étire la tôle de ses hauts-fourneaux.

2° Comme position et comme industrie, St-Etienne est encore plus heureux que Charleville, car il n'est pas seulement au centre de riches minerais, mais au milieu du plus vaste bassin houiller de la France. C'est pour cela qu'il fait de préférence la grosse ferronnerie, les pièces brutes dont le fer et le charbon font à peu près tous les frais. Il s'appropria l'espèce de serrure où ses deux matières favorites entrent comme principaux éléments d'exécution : le *pène dormant noir,* qu'il façonne assez habilement, n'offre en effet que la présence du fer et le passage du feu.

Et pourtant cette fabrication privilégiée ne pourrait encore lutter contre le Vimeu, si elle restait dans les conditions ordinaires d'une industrie ; mais sa pratique exceptionnelle et l'économie de sa méthode en font une rivale redoutable de nos produits. St-Etienne fait surtout la coutellerie et les armes : or, il n'emploie à sa serrurerie que leurs rognures, hommes et matières. L'ouvrier inhabile, qui a échoué sur le couteau-poignard, se rabat toujours sur la serrure, et c'est par elle que débute invariablement l'apprenti des arsenaux. Il n'y a donc pas là de salaires élevés à servir. D'un autre côté, toutes les armes spéciales composent de leurs déchets ses diverses parties, de manière que chaque pièce représente le débris d'un sabre, d'une baïonnette ou d'un fusil, et quelquefois tous ces débris à la fois. C'est ainsi que la production stéphanaise a résolu le problème du bon marché.

3° Le concurrent qui menace le plus l'avenir industriel de notre populeux rayon est, sans contredit, Tinchebray (Orne); non pas qu'il ait la matière dans des conditions meilleures encore que les précédents, mais parce qu'il possède ce qui manque à ceux-là, les aptitudes ouvrières. Son industrie première est la quincaillerie de ménage, comprenant *peignes, souricières, chausse-pieds,* etc. La serrure n'est qu'un écusson tout nouveau sur son arbre, mais avant peu elle sera devenue la tige principale. Tinchebray a les mêmes éléments que le Vimeu, un ouvrier sobre, habile, courageux, éparpillé dans la campagne et réglant sa

3

vie sur la modicité de ses salaires; il a les mêmes procédés et les mêmes machines. Il s'empare donc successivement de tous les articles qu'une supériorité incontestée avait réservés jusqu'ici à notre pays: avant peu d'années, il aura envahi la moitié de son domaine.

Un fait qui caractérise la serrurerie dans deux au moins de ces trois centres, c'est que l'élévation de leur main-d'œuvre restreint leur activité à des ouvrages faciles auxquels concourent principalement la matière et les machines : ils sont forcés de s'arrêter là où commence la tâche de la lime.

La serrure n'est, en outre, qu'un corollaire de leurs autres articles : ils la font pour tout faire. Aussi c'est bien moins la perfection du travail qui plaide pour elle sur les marchés, qu'une sorte de camaraderie d'atelier. Les articles de la même maison s'aident réciproquement, et la *charnière* fait écouler le *pêne-dormant*, grâce à la même marque de fabrique.

Le Vimeu seul se borne à sa spécialité; mais parce qu'il a concentré sur elle toutes ses facultés, il a obtenu une supériorité d'exécution qui fait reconnaître aujourd'hui partout sa suprématie industrielle.

IV

Aux détails qui précèdent, ajoutons maintenant quelques traits de mœurs et de caractères.

Comme nous l'avons dit, des ateliers ont été construits, depuis quelques années, pour l'installation des machines et la préparation de la serrure. A part ces rares concentrations, l'ouvrier est dispersé de tous les côtés : vous ne sauriez tourner l'angle d'une rue, d'une route ou d'un chemin, sans vous trouver en face de sa chanson et de son marteau. La serrurerie occupe ainsi mille places, et quand on remuerait tout le sol, on n'arracherait pas ses mille racines. Elle est, avec le blé et la pomme, la production naturelle du Vimeu.

L'enfant, à peine conçu, est prédestiné à cet état, quels que doivent être son sexe, son goût et son aptitude. Son berceau est placé dans l'atelier, dont l'atmosphère et les bruits pénètrent et enivrent ses sens à mesure qu'ils s'éveillent. Il boit la poussière de fer dans son lait, bave sur l'enclume qu'il taquine en attendant qu'il la batte, pince ses doigts dans l'étau. Il joue avec la lime, épèle, lit, écrit avec la lime. Empêchez cet enfant d'être serrurier, je vous en défie !

A douze ans, il ceint le tablier de cuir. Pour amasser le prix de son étau, le père a travaillé une heure et sué une goutte, chaque jour, en dehors de sa tâche; la mère a vendu sa croix de chrysocale, et la sœur s'est privée d'une collerette. Le matin du jour où ce conscrit de la lime commence ses premières armes, les voisins sont convoqués, et l'on fait des libations au succès de la campagne : c'est le baptême de l'atelier.

Désormais, sa vie sera uniforme, en quelque sorte mécanique, battant entre matin et soir avec la régularité d'un pendule. Il va passer cinquante ans de sa vie à la même place, tournant dans le même cercle et jetant à peine, par sa vitre, un coup-d'œil aux diversions de la rue. Je me trompe, il sort le dimanche. Bien avant le jour, on entend dans la plaine, sur les routes, des pas pressés, un cliquetis de fer et des voix qui s'appellent, comme si une armée d'invasion prenait, dans les ténèbres, possession du Vimeu. La lumière qui paraît ne chasse pas cette illusion, car on aperçoit des hommes qui courent isolés ou par groupes dans toutes les directions, chargés du sac militaire : ce sont les légions du travail, les serruriers qui portent au fabricant l'ouvrage de la semaine, et qui se hâtent pour prendre rang à sa porte; ils ont acheté pour cet usage les sacs des vieux soldats rentrés dans leurs foyers.

Le Vimeu offre un exemple remarquable de l'influence qu'une industrie exerce autour d'elle, et de l'art avec lequel elle adapte à ses formes les éléments les plus résistants. Le sol qui, partout ailleurs, plie à ses exigences les hommes et les choses, reflète ici la serrurerie à tous ses points de vue : comme elle, il est fractionné, presque émietté. Là, point de ces grandes synthèses territoriales qui se forment et s'accroissent par la transmission : c'est l'analyse du patrimoine poussée jusqu'à la dissection. Héritage, toit, champ, tout est morceau et parcelle.

Même résultat pour l'agriculture. Voyez-vous cette charrue qui va, revient, tourne et retourne, traçant des sillons de quelques mètres? elle laboure le champ d'un serrurier. A côté est un champ plus petit encore : c'est la portion d'un autre, car chacun a la sienne, qu'il visite le dimanche après la messe paroissiale, qu'il bêche, ensemence et moissonne à l'heure de ses repas.

Pour comprendre ce goût de la terre, il faut se rappeler que cette fabrication est essentiellement domestique, et que partout elle a élevé jusqu'à la passion l'amour du logis et du chez soi. Le serrurier veut absolument avoir son atelier et son champ, entre lesquels il partage ses sueurs. De là, la ténuité des parts résultant du nombre des compétiteurs; de là, l'exagération qui frappe tous les loyers, qui met la petite culture aux abois et exclue la grande d'une contrée éminemment propre à ses essais.

Le Vimeu est peu séduisant à première vue. Le charbon a déteint de tous côtés, sur les toits, sur les chemins, sur les habits et sur les physionomies : partout on surprend ses émanations combinées avec celles de l'huile et du fer. Des maisonnettes en bois et torchis bordent les rues, percées de deux ou trois fenêtres à chacune desquelles profile un visage bronzé et luisant. La population est celle de tous les centres industriels: appliqué trop tôt à un travail qui excède ses forces, l'enfant est entravé dans sa croissance et conserve trop souvent le pli que son outil imprime à sa taille.

Si vous aimez le mouvement et l'activité, c'est autre chose. Le Vimeu vous plaira avec ses tons sévères, son sol carbonisé, ses bruits stridents, ces hommes qui s'acharnent sur un morceau de fer en jurant ou en chantant, ces femmes qui liment d'une main et allaitent de l'autre leur enfant.

Du reste, le progrès est entré chez lui et commence à le renouveler. De larges routes courent d'un village à l'autre, servant de transmission aux idées; le chaume tombe détrôné par l'ardoise, l'argile se fait brique. Des usines et des habitations élégantes surgissent toutes parts, mais il s'écoulera encore bien des années avant que le hameau picard offre la riante physionomie des agglomérations flamandes.

V

Nous voudrions maintenant nous arrêter là, laisser dans l'ombre une face affligeante de l'industrie dont nous venons d'esquisser le caractère et de détailler la pratique, ne pas mettre enfin la main sur une plaie saignante et douloureuse ; mais une statistique ne doit rien taire, car elle ne peut être fidèle qu'à la condition d'être complète.

Nous avons dit que la serrurerie n'éprouvait pas de temps d'arrêt. Si l'on excepte l'année 1848, dont le contre-coup politique suspendit instantanément, par toute la France, le mouvement industriel, elle n'a jamais chômé. Elle peut marcher moins vite quand, à force de produire, elle a encombré sa route, mais elle ne s'arrête pas. Ces ralentissements seuls constituent ses crises qui n'en sont pas pour cela moins violentes. Nous dirons même que nulle part ces accidents n'ont un caractère aussi déplorable de gravité ; car ailleurs ils n'affectent que le travail ; ici ils suppriment presque le salaire.

A quoi cela tient-il ?

A une cause générale, la concurrence, cause qui a emprunté aux éléments qu'elle rencontre, dans le Vimeu, un acharnement particulier.

Si la dispersion de la serrurerie a paralysé longtemps ses développements, elle devint plus tard, lorsque la fabrication et la vente furent simplifiées, son plus énergique stimulant. L'ouvrier travaillant chez lui, au milieu de sa famille dont les joies et les entretiens le reposent, dormant, veillant et mangeant quand il veut, devait faire envie à l'artisan son voisin, au journalier et à l'homme de peine. Chacun d'eux voulut conquérir à son tour cette indépendance et s'empressa de mettre à une lime le manche de sa truelle ou de son ciseau. Ce fut le point de départ d'une production effrénée.

Une industrie qui s'exerce dans de grands établissements, a pour correctifs naturels les quatre murs de l'usine ; souvent une cloison de sapin la préserve de l'exagération : elle a, de plus, pour barrières les frais si considérables d'installation, d'appareils et de matériel. Mais où peut s'arrêter celle qui n'est entravée ni par l'espace, ni par le capital, ni par l'outillage ?

La vente a eu la même fatalité d'encouragement que la fabrication. La présence de l'ouvrier sur les marchés attestait une grande facilité pour tout le monde de l'aborder : rien de plus simple, en effet, ni de plus élémentaire que cela. Tâchez d'hériter cinq cents francs de quelqu'un, achetez pour mille francs d'articles confectionnés dont vous paierez la moitié, partez à Paris, vendez vite et revenez.... le tour est fait. Quelquefois l'héritage n'est pas même indispensable, et le serrurier vous fait crédit de tout jusqu'au retour. Nous avons vu cette recette pratiquée avec succès, et son résultat infaillible a toujours été de produire une obsession maladroite, exploitée sans pitié par le consommateur.

La serrurerie a ainsi deux vices organiques, un mouvement indéfini de production et un principe violent d'antagonisme.

Le fabricant part pour visiter sa clientèle avec cette conviction faite que l'avilissement de la vente, à quelque degré qu'il le trouvera, sera toujours inférieur à celui qu'il pourra infliger, au retour, à la main-d'œuvre. Si bas qu'il vende, il fera exécuter au-dessous. Tout se réduit, pour lui, à chercher les commissions : une fois cela trouvé, il ne lâche jamais prise.

La dernière limite du revient pouvant ainsi toujours reculer, la concurrence reste sans frein. Le fabricant qui a des capitaux et du crédit, fait la baisse pour enlever le marché au fabricant qui n'a ni l'un ni l'autre. Celui-ci, forcé d'écouler, descend encore plus bas. L'ouvrier, se présentant derrière eux, hypothèque ses nuits et son sommeil et vend à tout prix. Avec la rentrée de ces voyageurs coïncide chaque fois, bien entendu, une baisse dans le salaire, sur lequel sont toujours prélevées, en définitive, les contributions de guerre.

Il ne faut pas croire, toutefois, que le fabricant n'en paie pas aussi sa part et que, pour soutenir cette guerre, il ne rançonne que la main-d'œuvre. L'ouvrier l'a cru longtemps, et ce préjugé a entretenu ses défiances et ses récriminations, jusqu'à ce qu'une expérience décisive, tentée par lui-même, lui eut démontré sans réplique que son patron ne se rabattait sur ses bras qu'après l'immolation de son propre bénéfice. On se rappelle l'association ouvrière de 1848 et sa désastreuse liquidation. Fondée pour soustraire la fabrication à l'exploitation des intermédiaires et pour porter directement les produits au consommateur, elle n'aboutit qu'à un amer désenchantement, qu'à la constatation matérielle de ce double fait,—qu'à Paris la serrure se vend rarement au-dessus du prix de revient, très-souvent au-dessous, et que si en province elle le dépasse, les frais généraux prennent toute la marge.

C'est qu'en effet le marchand de serrures vend fréquemment meilleur marché qu'il n'achète : pour le faire comprendre, il faut dire que l'ouvrier, contraint de s'approvisionner chez lui de fer, de charbon, de cuivre, de limes, de tout ce qui compose la serrure qu'il lui vend, quand il ne fait pas de façons, lui laisse un bénéfice sur chacun de ces objets. Ce marchand déplace ainsi son gain, mais il l'assure, car il le réalise avant expédition. Or, ce procédé, âprement exploité, s'est épuisé lui-même. On vend, comme nous venons de le dire, au prix d'achat, on vend au-dessous, en jetant pièce à pièce à la concurrence tout le produit de la fabrication.

Cette triste dépréciation suit toujours la progression de la crise, se déduisant plus ou moins vite, selon que celle-ci sévit avec plus ou moins d'intensité. Nous pourrions peut-être ajouter qu'elle n'est pas particulière à cette situation et qu'elle affecte, d'une manière permanente, l'industrie serrurière, si, au premier retour de prospérité, la main-d'œuvre ne remontait pas avec la même facilité qu'elle est tombée. Mais c'est encore l'antagonisme des chefs d'atelier qui, dans cette circonstance, agit sur elle et la relève, bien plus que les besoins du moment : c'est la continuation de la même lutte sur un autre théâtre et avec d'autres armes. On ne peut plus se disputer les commissions avec l'ardeur des mauvais jours, car elles sont assez abondantes pour satisfaire toutes les ambitions, mais ce sont les bras qui doivent les exécuter que l'on s'enlève à hautes enchères, et c'est à la fabrication que l'on jette, maintenant, tout le bénéfice de la vente.

Au reste, cette guerre de salaires, on ne doit pas la déplorer, car elle profite d'abord à l'ouvrier qui, sans elle, n'obtiendrait peut-être pas le prix légitime de ses sueurs, et elle réagit ensuite sur la vente en forçant le fabricant à la relever, sous peine de ruine. Si nous la signalons, c'est pour ne pas négliger un symptôme particulier du mal que nous diagnostiquons.

La concurrence est ainsi l'état normal de cette production démoralisée. Son action peut être plus ou moins désastreuse, selon qu'elle traverse une période d'activité ou de malaise ; mais, quelles que soient les modifications qu'elle subisse, elle ne désarme jamais.

Cela vient de ce qu'elle n'est pas seulement industrielle, mais sociale. Les fabricants, dispersés dans différents villages, dans différents cantons, ou dans les sections divisées d'une même commune, n'ont pas que des rivalités d'atelier : ils épousent en outre, avec ardeur, toutes les querelles de leur clocher, et s'adjoignent les griefs, les froissements, tous les éléments de lutte si nombreux entre les circonscriptions rurales. Dans les villes, le frottement et la juxtaposition des intérêts produisent presque toujours la cohésion et l'effacement individuel au profit du patrimoine commun : ici, il n'y a qu'isolement et abstraction, que des positions qui se jalousent, que des antagonismes rebelles à toute idée d'aggrégation.

On l'a bien vu lorsqu'il s'est agi, il y a quelques années, de ménager l'entente entre les chefs d'atelier. Pour combattre dans sa cause le mal que nous révélons et lui appliquer un remède que nous présenterons encore tout-à-l'heure, on avait tenté de les réunir et de leur faire signer un traité de paix. Ce ne fut qu'une trève. Déposant un moment leurs rivalités, ils convinrent de quelques mesures propres à mettre un terme à l'anarchie des transactions. Mais, au bout de quelques mois, le contrat avait reçu de si nombreux coups de canifs, que personne ne se crut plus lié, et les hostilités recommencèrent.

Est-ce à dire que l'expédient ne valait rien et qu'il n'a échoué que parce qu'il ne s'appliquait pas à une situation vraie? On l'a prétendu, et comme il fallait bien assigner une cause au mal, on s'est rabattu sur les machines. L'avilissement de la main-d'œuvre ayant coïncidé avec l'introduction de ces machines-outils, on n'eut rien de plus pressé que de leur en imputer la responsabilité. On s'est trompé.

Accuser du mal ces agents, c'est regarder la question d'une seule face, sans songer qu'elle confine à un autre intérêt et qu'il faut tenir compte de cette dualité. Oui, certes, ils abrègent le travail, mais ils ne l'avilissent pas. Ils procurent seulement une économie d'exécution, et aujourd'hui qu'on ne peut plus rien prendre sur le salaire, il faut bien recourir à ces précieux auxiliaires, sous peine d'être distancé par la concurrence étrangère. Sans les machines, le

Vimeu perdait la bataille contre ses rivaux, et son patrimoine industriel passait à quelque Tamerlan bas-normand ou ardennais.

Il n'est pas permis à une industrie de s'arrêter ; le progrès la toucherait en passant et la pétrifierait. Que serait devenu, encore une fois, le serrurier picard, si, s'obstinant dans sa routine, il avait continué de mettre deux jours à faire une besogne que l'ouvrier de Tinchebray accomplit entre matin et soir ? Qui l'aurait emporté sur les marchés, de ces deux vendeurs luttant à armes inégales et à la distance énorme de leurs prix de revient ? Le résultat n'est pas douteux. C'est donc avec une bien grande injustice que l'on invective si souvent les hôtes qui nous ont fait vaincre.

On l'a vu, c'est l'anarchie de la vente qui rejaillit sur la production et la déprécie. Comme pour toutes les industries, le point de départ de la crise est toujours un évènement politique ou économique qui pèse sur la confiance et les capitaux. La consommation cessant de demander, on la tente par des prix réduits : le fabricant qui a ainsi fait la baisse sur le marché, l'impose, à son retour, à l'ouvrier : celui-ci répare chaque brèche de son salaire par un travail de nuit, et fait une serrure de plus. Voilà comme les produits s'accumulent, et avec quelle logique implacable se développe le malaise au sein de notre principale population industrielle.

Que faire à cela ? quels remèdes appliquer à cette situation ?

Nous abordons un sujet délicat, vivement controversé à l'heure qu'il est. La serrurerie traverse précisément une de ces crises que nous venons de peindre, et, dans ces circonstances, l'exposition d'un système a tout l'air d'une potion offerte à un malade. Nous ne visons pas à l'empirisme, Dieu merci! et si nous osons introduire aussi notre idée, c'est simplement à titre d'information. Dans l'enquête qui s'instruit, tout le monde est appelé à déposer, et nous apportons, comme un autre, notre témoignage que le lecteur pèsera pour ce qu'il vaut: s'il n'émane pas d'une appréciation exacte des besoins existants, nous sommes sûr du moins qu'il est inspiré par un vif désir de les voir satisfaits.

Nous avons assigné au désordre de la production et à celui de la concurrence la cause du mal: deux moyens se présentent à nous pour les combattre, ou bien modérer cette activité en la réglant, ou bien la suivre en lui livrant des aliments.

Le premier a été déjà expérimenté, nous l'avons dit, et, bien qu'il n'ait pas réussi, nous persistons à croire qu'il était bon. Le meilleur moyen de prévenir les excès de la concurrence serait sans doute de l'enfermer dans un tarif et de la limiter dans ses prix, afin de la reléguer sur le terrain purement industriel; mais on la supprimerait presque de cette manière, et la loi, tutrice des intérêts du consommateur, veut qu'elle vive. En dehors de cette mesure, il en est d'autres qui, lui laissant son stimulant nécessaire, peuvent combattre efficacement ses pernicieux effets. Il faudrait d'abord supprimer les divisions qui l'alimentent et les nombreuses lignes de séparation élevées entre les fabricants; provoquer des réunions générales où ils se frotteraient et discuteraient l'utilité et la convenance des modifications à introduire quand la vente ou la main-d'œuvre en réclameraient. Les capitaux, les cotons, les fers, toutes nos grandes industries ont leur marché et leur Bourse où leurs cours s'établissent : la serrurerie aurait aussi ses rendez-vous dans lesquels on adopterait toutes les mesures propres à sauvegarder ses intérêts, ceux du patron et ceux de l'ouvrier.

Dans ce premier système, il n'y a place ni pour la concurrence acharnée ni pour l'avilissement continu ; mais nous craignons bien qu'il n'échoue toujours devant les antipathies profondes des fabricants. Passons au second.

Si l'on ne peut modérer, pas plus qu'enchaîner le mouvement déréglé que nous déplorons, il ne reste plus qu'une chose à faire, c'est de lui ouvrir au plus vite des débouchés et de lui chercher des aliments.

Où les trouver?

Dans la fabrication simultanée de toutes les pièces qu'embrasse la serrurerie du bâtiment. La fermeture proprement dite comprend dans sa série, *clinches*, *espagnolettes*, *pentures*, *tourniquets*, *poignées*, *arrêts de persienne*, *charnières*, *vis à bois*, etc., etc., etc. Tous ces articles qui ont, comme les produits du Vimeu, la marque originelle de la lime, prennent leur place, leur pli sur la même porte et la même fenêtre, forment les joints et les articulations du même logis. Aussi ses concurrents, habiles à saisir leurs rapports, se sont-ils empressés de mettre la main sur eux et de se les adjoindre.

Si c'est parce que la serrure suffisait à son activité qu'il leur a abandonné ce paisible monopole, il est temps de le revendiquer, car l'excuse n'existe plus. Des fabricants intelligents sont déjà entrés dans cette voie, mais il faut qu'ils aillent jusqu'au bout et appellent à leur aide tous les auxiliaires qu'ils pourront rencontrer. Leurs produits jouissent partout d'une grande vogue : sous leurs auspices, les nouveaux venus seront accueillis avec une préférence sympathique.

Mais ne faisons-nous que cela? Sortons du bâtiment : au bout de la rue je trouve l'arsenal.

Les armes, pour avoir des formes et des tendances opposées, n'en sont pas moins une branche de l'industrie serrurière. A ceux qui m'objecteraient les difficultés de cette fabrication éminemment précise et correcte, je répondrais par un fait : — le Vimeu faisait autrefois le fusil, ou du moins certaines parties du fusil. Or, ce qu'il a fait, pourquoi ne le ferait-il plus? S'ils n'aimaient pas les inductions rigoureuses et niaient la mienne, je citerais un autre fait : — les jeunes serruriers que la conscription enlève chaque année s'enrôlent presque tous dans les arsenaux et deviennent les armuriers de leur corps. Je conclus de ceux-là à l'aptitude de tous. N'est-il pas évident que chaque ouvrier resté au logis doit avoir les mêmes facultés industrielles que celui dont le hasard tire le nom dans une urne? D'autre part, le militaire rentré dans ses foyers ne saurait-il plus y exécuter ce qu'il faisait au régiment? C'est un soldat picard, un serrurier de Monsboubers (1), qui,

---

(1) M. Jean-Louis Deboubert. Voir, à la fin de ce travail, la note qui le concerne.

en sortant des arsenaux de l'Etat, a fondé la principale maison d'armurerie de la capitale, et qui a illustré son pays par des découvertes et des perfectionnements dont s'enorgueillit, à juste titre, l'arquebuserie française.

Le Vimeu possède donc les éléments de cette fabrication : le fusil est de sa famille et, en le revoyant, il embrassera une connaissance. D'ailleurs, certaines serrures, par leur complication, la précision mathématique de leur mouvement, offrent des obstacles bien autrement sérieux que lui ; et fût-il vrai, pour finir, qu'il ne soit accessible qu'à un petit nombre d'ouvriers, qu'il faudrait encore l'introduire pour occuper ceux-là.

Ainsi, une fabrication multiple et variée peut seule donner la solution que nous cherchons. C'est à cette pluralité, on le sait, que Charleville, Saint-Etienne et Tinchebray doivent l'activité incessante de leurs ateliers. Est-il déraisonnable d'espérer que la même cause produirait ici le même résultat?

Nous sommes loin de prétendre que la prospérité de la serrurerie ne renaîtra pas sans y recourir. Par la raison que des évènements et des circonstances déterminent les ralentissements du travail, d'autres évènements et d'autres circonstances doivent toujours provoquer ses reprises. Un jour donc, quand son trop plein se sera écoulé, elle reprendra son mouvement aujourd'hui interrompu, et elle suffira encore à tous les bras. Mais est-ce une raison pour ne pas prévenir ses crises? Il ne faut pas se faire d'illusion, elles seront de plus en plus fréquentes et prolongées, parce que la production ne fait que se développer.

Une éventualité que nous ne voulons qu'indiquer menace encore d'aggraver cette situation.

La culture du lin est une des principales richesses agricoles de notre pays. Autrefois l'ouvrier l'honorait à l'égal de sa lime et faisait asseoir les deux sœurs aux deux coins de son foyer. Quand la filature mécanique vint supplanter le rouet, la fileuse se rejeta sur la serrure, et ce premier renfort n'aida pas peu à accélérer la production. Il restait le tillage qui, jusqu'à ce jour, a fourni un salaire régulier aux nombreux artisans qui l'exercent. Or, les procédés mécaniques essaient de se substituer aussi à cette préparation primitive. Je n'entends nullement prédire le succès de la tentative qui se fait, en ce moment, dans le canton d'Ault; mais le problème est résolu ailleurs, quand bien même il ne le serait pas ici, et l'importation du tillage industriel n'est plus qu'une question de temps. C'est un nouveau contingent qui, un peu plus tôt, un peu plus tard, passera encore à la serrurerie.

Elle sera désormais la seule voie ouverte à ces existences de plus en plus nombreuses qui demandent leur pain au travail. Toutes les autres étant fermées ou bouleversées, celle-ci s'encombrera, si une sage prévoyance ne lui ouvre pas des issues. Nous venons de les indiquer, sans nous dissimuler les répugnances qu'elles soulèveront. Pas plus que le fabricant, l'ouvrier n'aime à innover, car le changement se résout toujours en une perte de temps et de salaire. Aller d'un article à un autre, c'est modifier sa méthode, le pli et la direction de son bras, c'est introduire un étranger à la place de l'ami de la famille, et quiconque connait les résistances de la routine et l'empire des attachements, se rendra aisément compte des oppositions obstinées que ce système doit rencontrer.

Et pourtant lui seul peut conjurer l'avenir et combattre, avec succès, la fréquence et l'intensité des crises. L'harmonie entre les fabricants, si l'on parvenait à l'établir, poserait une digue aux exagérations et aux emportements de la concurrence, mais n'empêcherait pas les produits de s'amonceler ni le travail de se tarir. Elle serait impuissante à arrêter ou à régler ces fortes crues de l'industrie que doit ramener, à périodes fixes, une fabrication développée à outrance. Elle pourrait seulement en atténuer l'effet, en modérant les baisses extravagantes dont elles sont toujours accompagnées.

Les éléments particuliers dont se complique la situation que nous venons d'exposer rendent inapplicable ou inefficace tout autre remède que celui que nous venons d'indiquer.

La formule serrurière embrasse trois termes ou trois agents, l'un qui achète, l'autre qui vend, et le dernier qui façonne: le premier s'appelle quincaillier, le second fabricant, le troisième ouvrier. Le quincaillier ne poussera jamais à la hausse, par la raison qu'il achète et que la règle de toutes les transactions est d'acheter au plus bas prix possible. La même loi commande à tout vendeur de débattre, pour ses produits, les conditions les plus élevées: nous avons dit par quelle déplorable dérogation à toutes les habitudes commerciales le fabricant picard faisait précisément le contraire et se laissait aller, sans résistance, à cette tendance contre nature. L'ouvrier, lui, est toujours fidèle à la sienne et ne met jamais son salaire au rabais : il en subit la réduction quand on la lui impose, parce qu'avant tout il faut qu'il vive ; mais il proteste énergiquement contre elle, et lorsque, par suite des besoins, ses bras viennent à être recherchés, de suite il demande sa légitime rémunération et, au besoin, il l'exige. Nous avons toujours vu la hausse revenir ainsi, de l'ouvrier remonter au fabricant et de celui-ci au quincaillier.

Eh bien ! c'est ce moyen qu'il faut étendre et développer en créant des articles secondaires qui entretiennent toujours le travail et maintiennent le niveau de la main-d'œuvre. Le fabricant, première victime de toutes les baisses, a plus d'intérêt que tout autre à y recourir, et il ne doit pas reculer devant les difficultés d'application qu'il peut rencontrer.

Ce sera le levier avec lequel il relèvera son industrie à ses heures de défaillance.

VI

Pour établir la base de notre travail, nous avons dû remonter plusieurs siècles, interroger les souvenirs, les dates, les documents, tout ce qui pouvait offrir une marque quelconque de l'origine que nous cherchions. Nous avons surtout consulté les archives des communes, quelquefois celles des fabriques : elles nous ont été livrées, dans toutes les localités où nous avons dirigé nos informations, avec un empressement qui est allé jusqu'à s'y associer, et pour lequel nous sommes heureux d'exprimer ici notre gratitude.

Nous avons puisé à ces sources diverses des renseignements trop épars et trop détachés pour s'adapter à un travail général, mais remplis pourtant d'un intérêt qui ne nous a pas permis de les négliger. Nous avons donc réuni tout ce qui concerne chacune des localités dont nous avons dépouillé les annales, et lui avons consacré une notice spéciale.

Nos appréciations ne seront pas toujours rigoureuses, ni nos calculs absolus. A la distance où nous sommes placé des faits que nous inventorions, et lorsqu'à notre enquête ne s'offrent que des éléments incomplets, nous ne pouvons souvent asseoir que des présomptions. Toutefois, elles empruntent presque toujours un caractère de certitude à la sévère confrontation des dates et des origines.

Ces réserves faites, nous commençons notre revue.

Ault. — Chef-lieu du canton de ce nom, bourg aujourd'hui industriel, Ault occupe le fond et les deux flancs d'une crique qui abritait autrefois de nombreuses barques de pêche. Il avait, en 1700, une population de cinq mille âmes, un port vaste et sûr, une flotte de cinquante bateaux, des chantiers de construction, des corderies, une halle, un grenier au sel, et un mouvement maritime presqu'égale à ceux de Dieppe et de Boulogne. Mais déjà, à cette époque, la mer commençait l'œuvre de destruction qu'elle devait consommer à la fin de ce siècle. L'ingénieur Cocquard nous apprend qu'en 1735, « la plage nommée le *Perroir* était très dégradée par les attaques des vagues. » Dans les années suivantes, la rade fut bouleversée, le port comblé, les pêcheries emportées, et le bourg d'Ault dut assister, impuissant, à cet immense désastre, à cet anéantissement douloureux de sa richesse. Privée des éléments de son activité et de son commerce, sa population maritime se dispersa. D'ailleurs la mer, continuant ses ravages, faisait crouler une à une ses habitations et la chassait impitoyablement du quartier où elle s'était concentrée. On voyait encore, en 1790, de nombreux vestiges de cette agglomération que la mer enlevait pièce à pièce, et que les années suivantes virent totalement disparaître. Tréport et Cayeux reçurent la plupart des infortunés transfuges.

La serrurerie fut importée à Ault dans les années

qui marquent le déclin de son commerce maritime. On peut supposer que, voyant l'avenir de leur pays menacé, quelques hommes intelligents voulurent le doter d'une industrie nouvelle sur laquelle leurs concitoyens pussent reporter leurs bras, à mesure que la pêche côtière leur retirerait son aliment. Ils appelèrent la serrure qui, après un siècle d'enfance, avait grandi, gagnant, de proche en proche, les localités les plus importantes du Vimeu et s'apprêtant déjà à bouleverser toutes ses conditions.

C'est en 1702 que les archives municipales d'Ault révèlent, pour la première fois, sa présence. « Le 28 juin 1702, disent-elles, est née et a été baptisée Michelle Roussel, fille de Michel Roussel et de Catherine Maclart sa femme : le parrain a été Philippe Roussel, *serrurier*, et la marraine Michelle Vion. »

Le 6 novembre de la même année, est née une fille de ce même Philippe Roussel, *serrurier*, dont la femme était Charlotte Bultel.

L'année suivante a encore enregistré deux serruriers.

« Le 14 janvier 1703, est né et a été baptisé Jean-baptiste Deflocque, fils en légitime mariage de Jean Deflocque, *serrurier*, et de Jeanne Flaman. »

« Le 14 juin, est né et a été baptisé Gabriel Petit, fils de Louis Petit, *serrurier*, et de Jeanne Depoilly, sa femme. »

Ces hommes, à qui il naissait des enfants, devaient être peu âgés : ce sont probablement les premiers apprentis qui sont allés étudier la serrurerie dans quelque localité voisine et l'ont rapportée dans leur pays. Son introduction daterait donc de la fin du

XVIIe siècle et serait contemporaine, comme nous l'avons dit, des premiers bouleversements de la rade. Ses progrès ont ensuite marché dans la proportion de la déchéance maritime du bourg d'Ault. Chaque année qui suit 1703 mentionne quatre ou cinq membres de ce corps d'état. De 1717 à 1720, nous en rencontrons huit à douze, ce qui représente au moins cent individus travaillant le fer à cette époque. Ce nombre va toujours croissant jusqu'au jour où nos discordes politiques font explosion. Pendant que la patrie se déchire et s'arrache les entrailles, Ault, abandonné, voit emporter par la vague ses quais, ses cabestans, et s'engloutir les habitations de ses derniers marins. De ce moment, il ne compta plus guère que des serruriers.

Aujourd'hui, c'est sa profession exclusive, et il l'exerce avec une habileté qui a fait la réputation de ses belles spécialités. Il fabrique la *porte cochère*, la *sûreté*, le *pène dormant noir* et toute sa série, le *pène dormant demi-tour*, le *tour et demi*, etc. C'est un des centres les plus importants de la production picarde.

Nous avons dit que sa population, au commencement du XVIIIe siècle, était de cinq mille âmes. Elle n'est plus que de quatorze cents; mais elle peut, selon nous, se relever et recouvrer une partie de la marge qu'elle a perdue.

De nos jours, la vogue est aux bains de mer. Quand s'ouvre la saison des eaux, la France reflue à ses extrémités, et les ports de notre littoral, en particulier, deviennent les rendez-vous brillants et préférés du monde opulent ou valétudinaire. C'est à cet engouement, autant qu'à leur commerce maritime, que Boulogne et Dieppe doivent leur prospérité : c'est lui qui renouvelle en ce moment le Tréport, féconde ses grèves et en fait surgir, chaque année, des quartiers nouveaux. Ce courant, Ault doit chercher aussi à l'attirer dans son anse, en offrant aux migrations urbaines un peu de ces distractions et de ce confortable qu'elles aiment à retrouver aux étapes où elles s'arrêtent. Sur son hâvre et ses pêcheries dévastés, les flots ont étendu une plage magnifique où le baigneur s'empressera de venir planter sa tente, quand on lui aura frayé la voie. Déjà il en reçoit quelques-uns ; mais pour que la foule vienne, il faut lui faire place et l'attirer.

Il est un autre intérêt dont doivent prendre vivement souci tous ceux qui s'intéressent à l'avenir de ce bourg industrieux. La mer qui, à force d'empiètements, l'a réduit à ce qu'il est, continue de ronger sa falaise et force constamment ses habitations à reculer. A chaque quart de siècle à peu près, l'une d'elles, chassée par le flux, se déplace pour aller se reconstruire ailleurs.

Ces envahissements continus ont plus d'une fois fait jeter le cri d'alarme à la localité, et l'administration s'en est toujours vivement préoccupée. L'importance des crédits demandés a pu, seule, faire ajourner jusqu'ici les travaux destinés à paralyser l'action de la vague. Son intelligente et laborieuse population doit incessamment les réclamer.

Béthencourt. — Comme toutes les localités du Vimeu que nous explorons, Béthencourt ne comptait guère que des tisserands et des laboureurs dans les années où nous faisons remonter nos investigations. Bien que les professions soient inexactement signalées dans les documents que nous avons fouillés, les deux que nous venons d'indiquer sont fréquemment reproduites, et si celle de serrurier eut existé, nul doute qu'elle n'eut obtenu, de loin à loin, une mention. Si elle n'est pas nommée, c'est donc qu'elle était inconnue.

Cette observation générale s'applique particulièrement à la commune dont nous nous occupons. Après de nombreux artisans qui tous appartiennent à la culture et au tissage, défile pour la première fois, en 1709, un serrurier, le nommé Martin Haudiquer. D'autres ont dû lui succéder, mais nous ne pouvons suivre cette filiation industrielle, les actes publics manquant jusqu'à l'année 1733.

Là, ils reparaissent, et avec eux Michel Flament. Nous passons à 1736, et alors chaque année nous donne son contingent. Ces vétérans de notre serrurerie, qui se pressent de plus en plus nombreux à mesure que l'on revient sur ses pas, s'appellent Saint-Germain, Parodé, Desgardin, Bost, Delenclos, Petit, Lecat, Comte, Derambure, Hurtel, Journel, Caillet, Maubert, etc.... Pour fournir un semblable aliment à l'état civil, ce corps d'état devait s'être développé rapidement et avoir déjà obtenu la vogue dont nous l'avons toujours vu en possession. Il occupe aujourd'hui toutes les positions et toutes les activités.

La population a marché parallèlement à l'industrie et a constamment progressé avec elle. De quatre cents âmes qu'elle était en 1709, elle s'est accrue graduellement pour arriver de nos jours à six cent soixante.

Les spécialités qui se fabriquent à Béthencourt sont la serrure à *moraillons* pour malle, la serrure à *ouberonnière* pour pupitre, le *loqueteau* de caisse, le *loquet à vielle*, le *tour et demi poussé*, l'*armoire* et le *cadenas*. Ce dernier n'a été introduit que depuis peu et date à peine de quinze ans, mais il a pris une extension considérable et tend à devenir la branche principale.

Cayeux. — « Qui a vu Paris, doit voir Cayeux, » dit un adage picard, pour exprimer la civilisation à ses deux pôles.

La physionomie de cette bourgade maritime justifie sa singulière célébrité. A l'entrée est le cimetière, dont les pierres tumulaires enregistrent toutes les tempêtes qui ont bouleversé la baie, et qui semblent être là comme la borne où s'arrêtent la vie et la végétation. Franchissez, en effet, ce banc de sable qui obstrue la voie, vous ne voyez plus que stérilité et désolation. La bise souffle, les maisons se rident, le terrain se plisse, se creuse et se relève. Le sol, tourmenté par les éléments, roule comme des vagues ou se dissout en une poussière qui assiége vos logis, pénètre vos vêtements, vos aliments et votre respiration. C'est dans cette atmosphère, au milieu de cette nature sauvage, que le Caïois vit avec insouciance, ballotté entre les tempêtes de la vie et celles de l'océan, partageant ses sueurs entre la pêche et l'industrie, car cet homme est aussi serrurier : il lime entre deux raffales. Après l'orage, il se place à son étau, lève son châssis et vernit sa *traînette* en se riant du flot qui a brisé son embarcation.

Eloigné d'environ douze kilomètres du point où la serrurerie prit naissance, Cayeux ne devait naturellement lui donner asile qu'après les autres. La mer, d'ailleurs, n'avait pas ravagé sa plage et ses pêcheries comme à Ault, et ne l'avait pas forcé à chercher ailleurs une diversion. Aussi ce n'est guère que vers l'année 1740 qu'à son tour il commença à l'exploiter. Ce sont trois frères, Pierre, Claude et Jacques Fleury, qui paraissent l'avoir initié à ses secrets. Il est présumable que l'aîné est allé l'étudier dans une localité voisine et l'a ensuite enseignée à ses cadets. Toujours est-il que, quelques années plus tard, ils formaient trois ateliers et avaient de nombreux apprentis. La variété qu'ils avaient adoptée est la *sûreté*, dont la fabrication s'est transmise dans le pays, mais ne compte plus que de rares adhérents : la plupart des ouvriers font aujourd'hui le *pêne dormant demi-tour* et le *tour et demi bouton de coulisse*.

La population de Cayeux n'a pas augmenté en devenant industrielle ; nous pourrions plutôt constater un léger ralentissement : de deux mille huit cent soixante-quinze individus qu'elle comptait en 1740, elle est descendue à deux mille huit cent trente-cinq.

Observons que cinquante ans plus tôt, Ault lui avait envoyé, après la destruction de son hâvre, une colonie de marins qui, probablement, avait doublé son chiffre.

Dargnies. — La commune de Dargnies fabrique une spécialité dans laquelle elle paraît s'être toujours renfermée : elle fait la *clef* de meuble, de pendule et d'appartement, le *verrou à entailler*, le *verrou à pignon*, etc. C'est un des points les plus actifs de tout le district serrurier ; il possède l'un de nos premiers établissements industriels, plusieurs fabricants intelligents, des fonderies de fer et de cuivre, et une population qui a la passion de la lime. Tous ses articles portent le cachet d'une habileté particulière.

Les pièces produites par Dargnies accusent une origine semblable à celle des principaux centres industriels du rayon. C'est à la fin du xviie siècle que la serrurerie a dû y être apportée, et le premier nom qu'elle nous révèle appartient à l'année 1699 : « Le « neuvième d'octobre de l'année 1699 Pierre Holle- « ville fils de Claude Holleville *serurier* et de Antoi- « nette Wattebled de cette paroisse est décédé et son « corps a *esté* inhumé le 10 *iour* des dits mois et an « en foi de quoi *iai* signé. »

Claude Holleville reparait en 1722, époque à laquelle il marie un fils ; en 1723, où il signe à l'acte de baptême de son petit-fils, et en 1725, où il meurt. Pendant près d'un demi-siècle, il n'est question que de sa famille, indice manifeste qu'elle seule pratiquait cette profession et que son chef fut son introducteur.

Ceux qui suivent furent sans doute ses élèves : Pierre Grandsire perd sa femme en 1743 et Nicolas de Saint-Germain en 1745 ; Nicolas Maubert tient sur les fonts baptismaux, en 1748, Nicolas Hochart ; Jean Têtu devient aussi veuf en 1750.

Mais l'industrie a grandi, et maintenant chaque année nous fournit plusieurs citations. Nous trouvons, en 1752, François Grandsire, Vandrille Grognet,

Vandrille Poilly; en 1753, Ozenne, Caquerel, François de Saint-Germain; en 1754, Joseph Poilly, Wattebled; en 1755, Depoilly; en 1756, Joly, Fauquet, Charles Poilly, Charles Grongnet; en 1757, Henri Grongnet, Nicolas Grandsire, Louis Petit, Louis Heudelaine.

Peu de localités nous offrent une progression aussi rapide dans la marche de la population. Sous l'action du principe qui se développe en elle, groupe et rallie toutes ses forces, elle a presque triplé en cent cinquante ans. En 1700, elle était de trois cent quarante individus : elle n'en possède pas moins, aujourd'hui, de huit cent vingt.

Embreville. — Cent vingt-quatre serruriers confectionnent, à Embreville, l'*armoire à pène dormant* et *à tour et demi*, avec quelques articles accessoires : c'est à peu près tout ce que la population compte d'hommes valides, car elle ne se compose que de quatre cent soixante-huit individus.

Ce village a toujours affectionné le fer, et ses articles sont restés en possession d'une certaine notoriété. Si ses actes publics ne manquaient pas à partir de 1760, il nous montrerait sans doute des titres d'origine aussi anciens que ses voisins. Quelques lambeaux nous ont révélé les noms de sept serruriers qui ont comparu, comme parties ou témoins, en 1758 ; ils s'appelaient : Delabre, Doué, Bloquet, Cartelet, Wattré, Gillard Antoine, Gillard Nicolas. Une seule année n'aurait pu évidemment fournir d'aussi nombreuses attestations, si déjà la fabrication des *armoires* n'eut pas été considérable dans le pays.

Elle n'a pas eu, sur les développements de la population, l'influence remarquée dans les autres localités : Embreville accuse, depuis 1760, un déficit de cinquante individus. Nous ignorons les circonstances qui ont pu amener cette décroissance et paralyser un mouvement partout ailleurs progressif.

Feuquières. — Si Feuquières est l'un des derniers venus dans la pratique serrurière, il a bien racheté ce retard : nulle part on ne rencontre un ouvrier plus habile et plus rompu aux combinaisons de la lime. Lorsque partout les machines ont bouleversé les habitudes et rallié les bras aux articles sommaires, à la méthode abrégée de l'apprentissage, ce village, résistant à l'entraînement général, a conservé les traditions de sa belle spécialité. Là s'exécutent, en dehors de toute intervention machinale et avec le seul concours de l'intelligence et de la main, presque toutes les *sûretés à garnitures tournées*, à *gorges* et à *pompes*.

Où Feuquières a-t-il été apprendre le secret de son art ? Bien que Fressenneville, son voisin, l'eut devancé de près de cinquante ans, ce n'est pas là qu'il a pu le surprendre, car on n'y faisait que le cadenas. Il a dû le chercher là où d'autres l'avaient trouvé avant lui, à Escarbotin qui fabriquait, avec une remarquable habileté, les articles de précision et de luxe.

Ceux qui nous paraissent s'être détachés pour les aller étudier sont les nommés Jean-Baptiste Testu et Jean-Baptiste Halbart, les deux premiers serruriers que les registres de l'état civil nous dénoncent et qui se mariaient tous deux en 1748. Ils n'ont pas dû rentrer sous le toit paternel longtemps avant cette époque qui peut être considérée comme le point de départ du mouvement dans leur pays. Dans tous les cas, on ne saurait le faire remonter au-delà de 1740, et l'industrie de Feuquières compterait aujourd'hui cent dix-sept ans.

Après ces deux premiers noms viennent les suivants qui nous conduisent, d'année en année, jusqu'en 1767 : Joseph Deguerville, Jean Testu, Jacques Hermine, François Delignières, Le Clercq, Honoré L'épée, Jean-François Delignières, Denis Quennehent, Michel Decayeux, Claude-François Saque Epée, Louis Rasse, Antoine Hurtel, François Davergne, etc.

Dans l'intervalle d'un siècle, la population s'est accrue de moitié : elle était de mille âmes environ en 1750, et le chiffre accusé par le dernier recensement est de quinze cent vingt.

Indépendamment de la *sûreté*, Feuquières fabrique aussi le *pêne dormant demi-tour* : cette sorte se fait à peu près partout, et il n'est pas de localité, quelle que soit la spécialité à laquelle elle se consacre, qui ne possède quelques ateliers où on la façonne.

Fressenneville. — C'est un des premiers villages du Vimeu qui aient donné asile à la serrurerie : elle a dû y être introduite il y a deux siècles. Est-ce le voisinage d'Escarbotin et leurs rapports communs qui l'ont amenée chez lui si vite? On peut le penser, quoique des localités aussi voisines ne lui aient offert l'hospitalité que longtemps après.

Ce pays fait le *cadenas*, et il ne paraît pas qu'avant ces dernières années il ait jamais fabriqué autre chose. Il a concentré ses études et son activité sur cette partie, dont Béthencourt lui dispute aujourd'hui le monopole. C'est un des articles que la mécanique a le plus simplifiés, que la concurrence a le plus ardemment exploités, et dont le prix par conséquent est descendu aux limites les plus extrêmes.

Dans un titre appartenant à la fabrique de Fressenneville et dressé en 1686 à l'abbaye de Saint-Valery, nous trouvons un *maître serrurier* appelé Etienne Firmin. Est-ce lui qui a popularisé le cadenas ? Il serait bien difficile de le dire, quoique l'on ne surprenne plus au-delà aucune trace de ce corps d'état. La désignation de maître serrurier atteste qu'il avait sous lui des apprentis, mais rien n'indique qu'il eut des concurrents. On peut croire qu'il touchait à l'origine de l'industrie qui n'a pas dû, dans tous les cas, le précéder de plus de trente ans.

La chaîne que cet homme commence, s'interrompt à ce premier anneau, et jusqu'en 1718 il n'est plus question de serruriers dans aucune des archives du pays. Cette année là nous en révèle un autre que citent en ces termes les actes de l'état civil :

« Le 21 *aoust* 1718 est décédée et a été inhumée
« le 22 dans le cimetière de cette paroisse *Glaude*
« Testu femme de Pierre Ducastel *serurier* âgée d'en-
« viron 50 ans... »

Si le mari avait le même âge, il a pu être l'un des apprentis d'Etienne Firmin.

Les lacunes regrettables qu'offrent, dans la désignation des professions, les actes publics de cette époque, entravent encore ici nos recherches et nous reportent à 1737. Là, nous rencontrons trois fabricants de cadenas, et chacune des années qui suivent nous en présente un nombre à peu près égal; mais presque toujours les mêmes noms reparaissent, d'où l'on peut conclure que cette industrie était alors le patrimoine exclusif de quelques familles. Elles s'appelaient Avis, Dufrenne, Fourdrin, Ducastel, Fournier, Brailly, Louchel, Ratel, Wattré.

Cette commune nous paraît avoir toujours eu des rapports avec celle de Friville-Escarbotin-Belloy, et ce contact a pu aider aux développements de sa spécialité. En 1693, un serrurier de Belloy, nommé Bernard Lefroit, intervient dans un acte. En 1737, Louis Grandsire, serrurier à Escarbotin, vient s'y marier. En 1745, Hubert Gauthier, aussi serrurier à Escarbotin, signe comme témoin au registre de l'état civil.

Les professions les plus en honneur étaient alors celles de laboureur et de tisserand, qui embrassaient la moitié de la population. Après elles venaient la catégorie des sergiers et celle des charpentiers. La toile et la serge ont disparu, mais Fressenneville possède encore ses charpentiers.

En 1700, la population ne dépassait guère six cents âmes; elle était de sept cent vingt-cinq environ en 1750, et l'extension que prirent ses ateliers, à partir de cette période, la fit presque doubler dans le siècle suivant.

Toutefois, jusqu'aux dernières convulsions de la révolution, le mouvement fut encore peu sensible. Le cadenas, comme la serrure, ne livrait qu'avec réserve ses secrets, et ne se laissait aborder que par l'intelligence et l'habileté. Mais quand la vogue eut modifié et simplifié ses formes, quand surtout l'Empire eut énergiquement stimulé la production, le travail s'anima à Fressenneville comme partout. La lime se démocratisa et entra bruyamment dans tous les logis.

On peut dire que dans ces trente dernières années, la fabrication s'est décuplée. Les cadenas sortent presque tout faits des machines, ne réclamant de la main que l'assemblage de leurs pièces, opération si rapide que quand vous passez, chaque soir, devant la vitre du façonnier, vous les y trouvez alignés par douzaines. Et quant aux ouvriers, ils se sont tellement multipliés qu'il serait difficile de dire aujourd'hui qui ne l'est pas. L'homme ne suffisant plus, on a recruté la femme qui lime bravement à côté de son mari et de son fils. La jeune fille quitte la quenouille pour le marteau et prélude au ménage par le rude labeur de l'atelier. Nulle part, peut-être, il ne se consomme plus de fer.

Ce village a fait, il y a quelques années, une application heureuse du système que nous exposions tout-à-l'heure. Menacé dans l'élément principal de son activité par la concurrence de Bethencourt, il a fait appel à de nouveaux produits, à ces articles auxiliaires que nous avons recommandés, et leur doit la continuation d'une prospérité qui, sans eux, se serait peut-être arrêtée. Un homme d'initiative, qui compte parmi les industriels les plus considérables et les plus intelligents du Vimeu, a importé une *armoire* qui se fabriquait dans la Haute-Saône et dont la structure correspondait aux aptitudes de ses concitoyens. Elle supplée, aujourd'hui, à l'insuffisance ou aux défections du cadenas.

Friville-Escarbotin-Belloy. — Bien qu'Escarbotin mérite une mention particulière, nous ne le séparons pas du groupe officiel dont il fait partie, non par scrupule pour l'unité communale, mais parce que, dans l'inventaire que nous allons dresser, les trois sections sont presque toujours solidaires.

Les localités qui précèdent et celles qui vont suivre ne guident guère nos recherches au-delà de l'année 1700 : Friville-Escarbotin-Belloy va nous conduire, de date en date, un demi-siècle plus avant. N'y eut-il pas d'autre témoignage pour attester que là est née la serrurerie, que celui-ci l'établirait victorieusement.

L'importance de cette commune et les proportions géographiques de ses parties ont bien changé depuis deux siècles. Dans leur marche ascendante, elles ont interverti les distances économiques et sociales qui les séparaient, et la section la plus faible dépasse aujourd'hui ses deux aînées. On rencontre fréquemment, dans les centres manufacturiers, ce phénomène de transformation, et Escarbotin, en reculant ses limites plus loin que les autres, a obéi à la loi générale des industries.

De 1640 à 1650, les trois villages donnent une moyenne annuelle de neuf naissances, ce qui représente à peine quatre cents habitants, répartis principalement entre Friville et Belloy. Escarbotin n'était alors qu'un groupe de quelques maisons, au milieu desquelles venait de s'élever une église. « En 1637, nous dit en effet un vieux manuscrit, fut bâtie la chapelle d'Escarbotin. » En l'année 1700, il ne formait encore que le quart de la population totale. Il ne faut donc pas s'étonner si, dans les faits et les dates que nous allons relever, ce village est moins souvent désigné que les deux autres.

Le plus ancien nom revendiqué par la serrurerie que nous ayons rencontré est celui de Robert Grandsire, dit *Brioche*, auquel « il a été payé, en 1636, 29 livres pour avoir fait une serrure à l'église de Friville. »

A laquelle des trois sections appartenait-il ? le manuscrit se tait.

Quoique nous ne retrouvions plus au-delà aucun vestige de cette profession, nous nous abstiendrons bien de prétendre qu'elle n'existait pas encore et qu'il faut marquer là son début. Elle a pu être pratiquée antérieurement sans se manifester dans les actes publics. Cependant on ne saurait faire remonter bien haut cette période, et quand une industrie, après s'être montrée à des intervalles rapprochés, disparaît tout-à-coup, c'est que son berceau n'est pas loin. Voilà pourquoi nous avons cru pouvoir le placer dans la seconde moitié du XVIe siècle.

Par une coïncidence remarquable qui vient confirmer cette donnée historique, la famille qui a importé cette fabrication, et dont les empreintes se retrouvent dans les mêmes documents, cesse à la même époque de les y imprimer. Après s'être côtoyées pendant deux siècles, toutes deux s'effacent et se dérobent en même temps. Robert Grandsire, le plus ancien serrurier connu, figure dans un compte de 1636 ; Jacques Maquennehen, le premier de ce nom que les actes enregistrent, assiste comme témoin à un testament de la même année. Si ces deux hommes ne sont pas l'apprenti et le maître, le premier ouvrier et le premier patron, ils ont pu être contemporains de ceux qui le furent.

Pendant les trente années qui suivent, les citations sont rares. Il nous faut revenir jusqu'en 1656 pour découvrir deux serruriers: *Jehan* Caron et Louis Boutté, de Belloy, qui signent au testament de Marie Douai.

En 1663, nous retrouvons le même *Jehan* Caron, *serrurier à Belloy.*

Nous franchissons encore un intervalle de dix ans, et les noms commencent à se presser, indice des développements que prend l'industrie nouvelle. Les voici dans leur ordre de date :

1673. — Robert Grandsire père et Robert Grandsire fils, de Belloy.

1677. — Jacques Ducorroy, de Friville.

1683. — Firmin Frevin, de Friville.

1685. — *Estienne* Noël, de Belloy.

1687. — *Anthoine* Lefroit, de Friville.

1691. — Robert Grandsire, d'Escarbotin.

1693. — *Benard* Lefroit, de Belloy.

1699. — Decayeux, Nicolas Rocque, Nicolas Boutté.

Nous nous arrêtons, car maintenant il nous faudrait dresser un catalogue, au lieu d'une statistique. La serrurerie est devenue la profession dominante, et l'enclume retentit dans toutes les parties des trois villages. Le mouvement industriel, qui s'accroît d'année en année, agit avec une énergie particulière sur la population qui, de quatre cents âmes, s'élève en deux siècles à dix-sept cents.

Escarbotin revendique, dans ces résultats, une part

plus large que ses deux voisins. Foyer principal et privilégié de la belle industrie dont il eut l'heureuse initiative, il lui a dû une rapide progression et une incessante prospérité. Longtemps il centralisa les produits fabriqués dans tout le rayon, et fut le seul agent qui en opérât le placement au dehors. De là vient le nom qu'ils prirent, en certains lieux, de *serrurerie d'Escarbotin*. Les deux mots sont restés unis : pour le monde commerçant, Escarbotin veut dire serrure : celle-ci est la chose, l'autre l'idée, et cette synonymie, simple effet d'acoustique, lui a fait une renommée que d'autres localités importantes lui disputent. Aujourd'hui, les cinq sixièmes de la serrurerie échappent à son action et se traitent hors de lui. — Mais il a été son berceau : le petit village a un jour retourné, avec son soc, une des idées les plus profondes que Dieu ait laissées tomber sur le monde. Il s'est chargé de faire la police de la société et de l'enfermer. Qu'importe que d'autres aient couru plus vite que lui, et aient vérouillé avec fracas toutes les portes : il n'en mérite pas moins de servir de coin aux produits du Vimeu et de buriner son nom sur la pierre de nos monuments.

Cette commune ne fabriquait guère autrefois que l'article de luxe : on y a vu des ouvriers d'élite rester penchés sur une pièce pendant près de deux mois et la vendre quatre cents francs. Aujourd'hui, la plupart traitent le *pêne dormant demi-tour*, et en façonnent deux ou trois en un jour. Quelques-uns pourtant sont restés fidèles à la partie artistique du métier et appliquent leur intelligence aux savantes et brillantes exceptions.

Elle possède six établissements, dont plusieurs de premier ordre. Deux maisons, en outre, font le cylindre cannelé, et une autre exploite la fonte de cuivre.

Méneslies. — La fin du xviie siècle a vu forer la première clef dans cette localité, car c'est aussi la clef que l'on y fabrique. Celui qui l'a fait connaître nous paraît être Nicolas Delarue, décédé le 30 avril 1743, à l'âge de quatre-vingts ans. Si nous supposons qu'il se soit établi à vingt-cinq ans, terme moyen d'un apprentissage à cette époque, nous remontons à l'année 1688, qui marquerait l'origine industrielle de Méneslies. Il eut pour continuateurs Antoine Delabye, Louis Berquer, Hénin, Théron, Grandserre, Adrien Passon, Saint-Germain, Parmentier.

La culture et la préparation du lin formaient autrefois l'occupation à peu près exclusive des habitants. Elles perdirent de leur importance à mesure que les serruriers se multiplièrent: cependant elles constituent encore aujourd'hui la première richesse agricole du pays et l'un des principaux éléments de son activité.

Indépendamment de la clef, il fait aussi l'*armoire* et le *verrou* qu'Ysengremer lui a communiqué.

La population a peu varié: depuis cent vingt ans, elle reste fixée à trois cents âmes, sans presque quitter ni dépasser ce niveau.

Nibas. — Ce sont les *armoires* proprement dites que l'on fabriquait primitivement à Nibas. On y a ajouté, depuis, les *armoires à gorges*, les *pênes dormants demi-tour*, les *tours et demi poussés* et les *becs-de-canne*. Mais c'est le premier article qui a fait et qui continue

— 73 —

sa renommée : il en partage le monopole avec Saucourt, son annexe.

Voisin d'Escarbotin, Nibas a sans doute été chercher la serrure dans ce village, de même que sa section l'a reçue de Fressenneville : « Le 30 avril 1768, nous dit un document, Michel-Clément Fournier, âgé de trente ans, *serrurier* à Fressenneville, se marie et se fixe à Saucourt. » C'est le premier qui soit signalé dans cette dépendance, et elle n'en offre plus jusqu'en 1782.

Le chef-lieu rattache plus haut sa généalogie industrielle, et invoque l'ancienneté de nos principaux centres. Voici le titre qu'il exhibe : « En 1700, le *unziesme aoust*, a été solennisé le mariage entre Dominique Deneu, *serrurier*, âgé de quarante ans, fils de *deffunt* Firmin Deneu, laboureur, et de Marie Defoque, sa femme, et Marie Bequet, âgée de quarante ans. »

Deux autres serruriers s'inscrivent successivement à l'état civil, Jean Sonnet en 1701, et Jean Bequet en 1702. Pour offrir, en si peu de temps, cette série de noms, Nibas devait, selon une remarque que nous avons déjà faite, compter à cette époque un grand nombre d'ateliers.

Nous ne pouvons suivre plus loin leur multiplication, car le rédacteur des actes publics ne mentionne plus les professions jusqu'à l'année 1781. Là, nous retrouvons François Saulmont, originaire de Cayeux, et puis Tirmont, Hibon, Mercier, Fourdrin, Lecomte, Morel, Poilly, Fournier, Ozenne, Leclerc, Vasseur, etc.

Cette commune est restée aussi en dehors du mouvement de progression que l'on observe dans la plupart des autres. Par exception, sa population ne s'est pas accrue; elle est plutôt aujourd'hui descendue au-dessous de la moyenne constatée pendant tout le cours du dernier siècle. Les raisons qui ont pu peser sur ses développements échappent à notre appréciation.

Elle est de neuf cent soixante-cinq individus; elle allait à mille en 1700.

Saint-Blimont. — Cette commune se range parmi les principaux groupes industriels du Vimeu, moins à cause de l'ancienneté de ses titres que par l'importance numérique de ses ateliers. Elle fabrique à peu près exclusivement le *bec-de-canne*, et le facile accès de cet article, la simplicité de son mécanisme, n'ont pas peu contribué à le vulgariser. Lorsqu'un apprentissage de quelques semaines suffisait pour être serrurier, il est facile de comprendre que tout le monde ait voulu le devenir.

Cette spécialité paraît avoir eu pour importateur le nommé Jacques Noël, de Belloy, arrivé à Saint-Blimont en 1757. Les élèves se sont formés, et l'un d'eux, Antoine Depoilly, apparaît en 1774, suivi de Pierre-Etienne Dupuis en 1786.

On voit que là, comme ailleurs, les débuts furent lents : les ouvriers ne se révèlent qu'un à un et à de longs intervalles. C'est que les procédés de fabrication n'avaient pas encore été abrégés, et que le bec-de-canne, toute rudimentaire qu'était sa méthode, offrait les difficultés et les défaveurs inhérentes à l'enfance des professions. On ne se passionna pour celle-ci que quand les machines intervinrent pour entrer de moitié dans la main-d'œuvre.

En 1757, la population de Saint-Blimont était de neuf cent quatre-vingt-dix habitants ; le chiffre constaté par le dernier recensement est de douze cent trente-huit.

Saint Quentin-la Motte-Croix-au-Bailly — représente une agglomération de trois villages régis par une même administration civile et religieuse. Les trois sections, autrefois distinctes, se sont rapprochées, jusqu'à ce que se soudant l'une à l'autre, elles n'ont plus formé qu'un tout qui porte leurs trois dénominations. La culture et la préparation du lin paraissent avoir seules exercé, dans les âges précédents, l'activité de ses habitants, et bien qu'une autre industrie soit venue leur faire une puissante diversion, elles étaient restées, jusqu'à ces dernières années, l'élément préféré sur lequel la population portait ses bras. Mais l'élan pris par l'industrie depuis dix ans, a un peu détourné le courant.

Jusqu'à 1691, les actes publics de la commune n'accusent l'existence d'aucun serrurier ; mais le 22 octobre de cette année, « est morte une petite fille âgée de trois ans, dont le père était Ignace Delamollière, *serrurier* à la Motte, et la mère Marie Fauqueux. »

Le 17 septembre 1692, naît une fille à Nicolas Cassin, également *serrurier* à la Motte.

Le 27 décembre 1693, le nommé Antoine Labye, *serrurier*, signe comme parrain à l'acte de naissance de son neveu Philippe Martin.

Nous rencontrons encore : en 1695, Nicolas Gignon ; en 1696, Robert Deglicourt ; en 1697, Deglicourt dit

Vion; en 1700, Nicolas Debroutelle, tous serruriers et jeunes époux.

Ces hommes marquent évidemment les débuts de l'industrie dans leur pays. Ceux qui naissent ou décèdent avant eux sont enfants de laboureurs ou de tisserands : les premiers, ils portent la qualification nouvelle qui se multiplie après la période décennale dans laquelle ils apparaissent. L'un d'eux, plusieurs peut-être, sont allés étudier sous un maître dans un village qui en possédait, à Friville-Escarbotin sans doute, car la serrurerie n'avait guère jusqu'alors franchi les limites de cette commune. De la Motte où ils l'ont rapportée, elle s'est propagée dans tout le groupe, et c'est vraisemblablement de là qu'elle est allée à Ault où nous l'avons vue se produire officiellement en 1702.

Saint-Quentin-la Motte-Croix-au-Bailly est une des localités les plus importantes de la contrée, au double point de vue agricole et industriel. La préparation du lin, combinée avec le mouvement serrurier, y entretient une activité toujours croissante. C'est une des localités qui seraient le plus affectées par le tillage mécanique, si ce procédé réussit à supplanter l'écouchage.

Tully. — L'importance manufacturière de Tully est moins dans le passé que dans l'avenir. Cette localité, qui ne compte pas plus de trois cents habitants, est restée longtemps stationnaire lorsque tout s'accroissait autour d'elle, et que trop resserré dans ses limites chacun les franchissait. Aujourd'hui, peu de communes offrent un roulement d'affaires aussi considérable. C'est là que la production du cuivre a élu domicile quand elle est venue s'implanter dans le Vimeu : la fonte de fer vient aussi tout récemment d'y construire ses fourneaux : de vastes usines s'élèvent qui appellent incessamment des bras nouveaux, et remplissent le petit village d'animation et de bruit. Dans cinquante ans, si son élan n'est pas entravé, il aura reculé au loin ses habitations et triplé sa population.

Si Tully s'est numériquement peu développé jusqu'ici, il n'en est pas moins un des plus anciens points industriels du rayon. Le premier serrurier qu'il cite est Nicolas Boutté, né en 1663 : après quelques années d'apprentissage à Friville-Escarbotin-Belloy, il a dû revenir au domicile paternel vers 1690 et y ouvrir un atelier. Les cinq ouvriers qui suivent, plus jeunes de cinq, huit, dix et treize ans, s'appellent du même nom, étaient sans doute ses frères ou ses parents, et ont été vraisemblablement aussi ses premiers élèves. Ils faisaient le *tour et demi bouton de coulisse*. Dufrien, Delattre, Lottin et Debeaurain, qui viennent à la suite, y ajoutaient l'*armoire*. Nicolas Dufrien importa la *sûreté* en 1750 ; Antoine Hardy, la *malle* et le *loquet à vielle*, en 1755 ; Pierre Delenclos, l'*entrée cuivre et fer au coq*, en 1765. Firmin Debeaurain fabriquait la *serrure de grille*, les *étaux* et *enclumes* en 1780.

Plus qu'aucun autre, Tully a subi le contre-coup de la révolution qui, dans ces dernières années, a bouleversé la fabrication. La fonte de cuivre et de fer ne s'est pas installée chez lui sans s'approprier ses forces et changer toutes ses aptitudes. De la plupart de ses habiles ouvriers elle a fait des mouleurs et des tourneurs sur métaux : le reste s'est voué aux articles succincts, le *pène dormant demi-tour,* le *tour et demi poussé,* le *bec-de-canne* et la *clef.*

Woincourt. — C'est aussi dans les années qui terminent le xviie siècle, que Woincourt est devenu serrurier. Des localités plus éloignées que lui de Friville-Escarbotin paraissent même l'avoir précédé dans cette production.

Le 29 juillet 1712, naît un fils à Jacques Lecat, le premier ouvrier porté au contrôle de la commune. Un second, Jacques Hurtel, s'y inscrit à quelques mois de là. Deux nouveaux apparaissent en 1714, mais les années qui suivent n'en offrent presque plus, soit que l'industrie ait eu quelque peine à s'acclimater, soit plutôt que le rédacteur municipal ait négligé de spécifier les professions.

Woincourt, qu'on écrivait aussi Oincourt il y a un siècle, a été le foyer où se sont élaborées les principales innovations introduites dans la serrurerie et de la révolution qui a transformé sa méthode. L'établissement important qu'il possède a donné le signal de la fabrication mécanique, construit les premiers appareils et inauguré le travail à façon. C'est lui qui a fait usage du premier moteur et installé la première machine à vapeur qui se soit attelée au travail local. Son initiative a déteint sur le village qui a abordé résolûment les difficultés du métier et présente de remarquables habiletés. Il embrasse plusieurs articles et, comme Dargnies, il traite la *clef* avec un talent particulier. Le *pène dormant demi-tour,* qu'il est impossible de ne pas rencontrer quelque part au milieu des variétés les plus accusées, y occupe aussi plusieurs ateliers.

Sa population a doublé : de quatre cents habitants environ qu'elle comptait en 1712, elle a monté à huit cent onze.

La position de Woincourt à la jonction des deux grandes artères qui traversent et coupent notre district producteur a été, sans nul doute, complice de son accroissement. Avant les perfectionnements apportés à la viabilité rurale, toute la circulation, marchandises et voyageurs, y aboutissait. Les voitures publiques y ont toujours eu une station, et l'administration des postes vient tout récemment d'y installer un bureau et un directeur. Point de départ et d'arrivée, le village a reçu de ce va-et-vient une impulsion qui l'aurait fait rapidement progresser, quand bien même il n'aurait pas eu chez lui d'actifs stimulants.

Ysengremer. — Ysengremer n'a pas de titres à nous produire et nous le regrettons, car il est toujours intéressant de remonter à la cause première des spécialités. Celle qu'il cultive comprend *targettes, loqueteaux* et *verroux*. Il fait, en outre, quelques serrures appartenant à diverses catégories.

Placé entre Woincourt et Méneslies, auxquels ses deux extrémités touchent sans aucune solution de continuité, il n'a pas pu rester en dehors du courant qui les entraînait, et doit avoir eu le même baptême industriel. Comme eux, il invoquerait donc la fin du xviie siècle, époque à laquelle la plupart des grands centres rattachent leurs origines. Après une longue enfance, la serrurerie s'était enfin échappée de son berceau, et se répandait au dehors en s'enivrant d'air et d'espace. Emporté par la vogue, chacun y sacrifiait avec cette fièvre d'imitation qui saisit toujours l'artisan à l'apparition des nouveautés. La séduction était d'autant plus grande qu'alors, au sein de nos populations rurales, le salaire était presque inconnu, que l'or était à l'état de fiction et de curiosité naturelle, et qu'en apportant l'un et l'autre, l'industrie produisait partout des éblouissements et faisait monter le vertige à toutes les têtes. Cette première impulsion l'aurait certainement portée au-delà des limites où elle s'est d'abord arrêtée, sans les obstacles puissants qu'elle rencontra. Mais indépendamment de ses difficultés pratiques, elle était enfermée dans un cercle qui ne devait s'ouvrir que lentement et sous l'effort de la civilisation, pour la mettre en communication avec les marchés de l'intérieur.

La production serrurière n'est pas circonscrite à ces principales localités : elle s'étend à toutes celles comprises dans le périmètre que nous venons de tracer; seulement elle n'y est exercée qu'accessoirement et depuis peu d'années. Tels sont Bourseville, Martainneville et Friaucourt, restés fidèles, jusqu'à ce jour, aux traditions culturales et linières. Vaudricourt est plus avancé, et Woignarue tend encore à marcher plus vite; tous deux façonnent le *pène dormant demi-tour*, et le second y ajoute le *bec-de-canne*. Allenay nous présente une fonderie de cuivre et quelques ateliers où se fabrique aussi le *pène dormant demi-tour*. A ce dernier article, Ochancourt joint l'*armoire* que Nibas lui a transmise.

Si nous descendons dans le marais de Cayeux, nous rencontrons d'abord ce pittoresque groupe d'habitations, de mâts, de fermes et de monticules de sable, maniant tour-à-tour, comme nous l'avons dit, et avec une égale habileté, l'aviron et la lime. A quelques pas de là, Brutelles, Lanchères, Pendé, Sallenelle, étudient les combinaisons du système Jacquemart.

Sur un autre point et dans un autre bassin, c'est Beauchamp, Bouvaincourt et Marest-Ouste qui rôdent la *clef* de fer et de fonte.

La contagion a franchi la Bresle et pénétré dans la Seine-Inférieure : ses communes limitrophes sont devenues tributaires de l'industrie picarde, et n'était l'obstacle que la forêt d'Eu oppose à ses envahissements, elle aurait étendu au loin ses conquêtes dans les populations normandes.

Revenons sur nos pas et remontons la vallée : Buigny encloisonne le *tour et demi bouton de coulisse;* Aigneville, Maisnières, Arrest, Miannay, nous offrent toutes les variétés de la serrure d'appartement; Vismes-au-Val fait de plus la *sûreté à gorges,* et Franleu les *armoires.*

Nous pouvons suivre la serrurerie pas à pas jusqu'à Abbeville: nous la trouvons dans les faubourgs, dans la ville, dans tous les villages qui bordent son enceinte, sur presque toutes les routes qui y convergent. Chaque jour, son cercle s'agrandit et embrasse de nouvelles localités. Les avantages d'un salaire régulier, d'un travail domestique et indépendant, mettent la désertion dans toutes les professions et amènent leurs transfuges à la forge.

Ce mouvement d'expansion tend à se développer

dans tout l'arrondissement : le chef-lieu possède plusieurs maisons dont la production est plutôt extérieure qu'intérieure, et s'alimente presqu'exclusivement au dehors. Les ouvriers du rayon ne suffisant pas à exécuter leurs façons, elles vont en recruter au cœur même du Vimeu, et porter leurs enchères sur cet important marché de la main-d'œuvre. Cette position défavorable les forcera, à mesure qu'elles se multiplieront et qu'elles étendront leurs opérations, à stimuler la fabrication sur d'autres points, à la pousser dans d'autres directions. Centre administratif, Abbeville peut facilement devenir centre industriel : il en a tous les éléments, et le jour où l'esprit d'entreprise les fécondera, l'arrondissement tout entier deviendra serrurier.

On doit peut-être redouter cette hypothèse, dont la réalisation peut devenir le signal de nouveaux et profonds malaises : on sait quelle perturbation les accroissements successifs ont constamment jetée dans les conditions économiques du pays. Ceux dont nous signalons l'éventualité, aggraveront fatalement cette situation, à moins qu'on ne parvienne enfin à réglementer cette production ou à faire entrer dans son lit les affluents qui la côtoient, à lui adjoindre tous les articles auxiliaires qui ont avec elle des points de rapport.

———

Nous ne pouvons mieux clore ce travail sur la serrurerie que par une courte notice sur son plus brillant produit, sur cet enfant de notre Vimeu qui a eu, disons-le, le génie de la lime, qui a fondé la célèbre maison de la rue du Helder, et formé l'illustre Devismes, un des princes de notre armurerie.

Jean-Louis Deboubert est né au village de Monsboubers, canton de Saint-Valery-sur-Somme, en l'année 1776. Il accusa de bonne heure un goût prononcé pour la serrure, dont il alla étudier les combinaisons à Escarbotin, chez Pierre Maquennehen. La réquisition vint l'y trouver. Dirigé sur l'un de nos arsenaux, il y déploya une si grande habileté, qu'en 1797 il fut appelé à la manufacture d'armes de luxe de Versailles. Ce furent là les champs de bataille où le réquisitionnaire gagna successivement tous ses grades et remporta ses victoires. Son intelligence lui avait promptement assigné la première place dans ces écoles de haut enseignement militaire. C'est avec la belle réputation qu'il s'y fit et les talents qu'il y perfectionna, qu'en 1806 il jeta, rue du Helder, à Paris, les fondements d'un établissement dont la renommée est devenue européenne.

En industrie, les hommes d'élite dédaignent les méthodes reçues et les procédés transmis : leur mission est d'innover, de marcher en éclaireurs devant l'humanité et de la guider dans la voie du progrès. Jean-Louis Deboubert eut constamment cette noble ambition. Il chercha toujours à créer, et chacun de ses succès fut un encouragement à un autre. Il avait trouvé le fusil à silex en possession de la vogue : après l'avoir perfectionné, il le détrôna et lui substitua le système à percussion, car il fut le premier, avec Pauly, qui se soit occupé de cette arme. En 1811, il présenta à la Société d'Encouragement pour l'industrie nationale un fusil de son invention, que le rapport suivant nous fait connaître :

« *Rapport fait à la Société d'Encouragement pour l'Industrie nationale, au nom du Comité des arts mécaniques, par M. MOLARD, sur une nouvelle Platine de Fusil exécutée par M. DEBOUBERT.*

« M. *Deboubert*, arquebusier, rue du Helder, n° 14, à Paris, a présenté à la Société un fusil à deux coups, dont les platines sont disposées pour recevoir une amorce de poudre de muriate oxigéné, sur laquelle le chien frappe comme un marteau, et l'enflamme aussitôt qu'on presse la détente.

« Le mécanisme de cette nouvelle platine se fait remarquer, 1° par un petit levier à bascule, qui soulève la batterie au moment où le chien s'abaisse, et il ne lui fait éprouver aucune percussion ; 2° par le bassinet qui est soudé sur le canon, de manière que la fumée que produit la combustion de l'amorce ne peut pas pénétrer dans l'intérieur du corps de platine, ni par conséquent l'endommager par la rouille qu'elle produit très-promptement ; 3° par différentes précautions que l'auteur a prises pour rendre l'entretien de l'arme facile et le maniement très-commode : il s'est ménagé le moyen de déboucher la lumière en adaptant, à la partie antérieure du bassinet, une petite vis qu'on enlève pour introduire l'épinglette.

« M. *Deboubert* a aussi présenté au Conseil un pistolet dont la platine est construite de manière qu'on peut l'amorcer indifféremment avec de la poudre de chasse ou avec de la poudre de muriate oxigéné. Pour cet effet, il a imaginé de fixer, sur le bassinet de la platine, un petit bassinet avec une batterie de recouvrement, propre à recevoir l'amorce de poudre de muriate oxigéné, et un chien qui fait les fonctions de marteau et frappe immédiatement sur l'amorce. Ces pièces additionnelles n'exigent aucun changement dans la première forme de la platine ; on peut à volonté les enlever lorsqu'on veut amorcer avec de la poudre ordinaire. Le bassinet est fixé sur le canon par un tenon et une vis facile à ôter. Cette disposition, qui n'exige pas une dépense au-dessus de vingt à vingt-cinq francs, a l'avantage de ne pas laisser pénétrer la fumée dans l'intérieur de la platine, et de permettre en même temps de pouvoir se servir de la poudre ordinaire ou de la nouvelle, à volonté.

« Plusieurs membres du Comité des Arts mécaniques ont pris connoissance de l'arme à feu de M. *Deboubert*. Ils ont trouvé la composition des platines simple, solide, ingénieuse et remplissant parfaitement son objet, et étant informés que l'auteur, en présentant son travail à la Société, n'ambitionne d'autre faveur que celle d'obtenir son suffrage, ils proposent au Conseil de publier par la voie du *Bulletin* les perfectionnemens que M. *Deboubert* a ajoutés aux platines de fusil qui s'amorcent avec de la poudre de muriate oxigéné.

« *Signé* Molard, *rapporteur.*

« *Adopté en Séance, le 18 Avril 1811.* »

Le fusil à piston, à son tour, venait d'apparaître ; mais, comme toutes les nouveautés qui débutent, celle-ci avait ses défectuosités : le système d'amorce, en particulier, ne consistait qu'en une boulette de cire appliquée sur le piston. Deboubert enveloppa dans une feuille de cuivre la poudre fulminante et composa cette gracieuse capsule dont nous nous servons encore aujourd'hui. Le chasseur picard, qui la brûle insouciamment, ne se doute guère qu'elle est l'invention d'un compatriote. Un brevet resté entre les mains de son élève atteste que c'est en 1820 qu'il dota le fusil de cet ingénieux complément. Mais plus habile à innover qu'à exploiter, il en négligea le monopole et le laissa tomber dans le domaine public. Sa belle découverte est, en outre, consignée sur un monument que lui votèrent les maisons rivales, et que le document suivant nous fait connaître :

« Monsieur Deboubert,

« Les fabricants de capsules-amorces en cuivre, réunis en assemblée générale, ont décidé que pour perpétuer le souvenir de l'origine de leur industrie, dont vous êtes le créateur en France, votre buste serait placé dans les ateliers des fabriques avec cette inscription :

DEBOUBERT

CRÉATEUR DE LA CAPSULE EN FRANCE.

« En conséquence, ils vous adressent deux exemplaires de ce buste moulé sur l'original que M. Devismes votre élève a bien voulu leur confier, vous priant de les accepter comme gage de leur reconnaissance pour votre précieuse création.

« Ils vous prient d'agréer leurs salutations empressées.

« A. GAUPILLAT, J.-B. MASSE, ILLIG, GUINDORFF, DEVISMES, arquebusier. »

Le buste de notre compatriote se voit, en effet, dans les ateliers de tous les signataires de cette pièce.

Sa plus belle création, peut-être, est celle de son successeur : l'arquebuserie française lui sera toujours reconnaissante d'avoir formé Devismes, d'avoir déposé dans sa vive intelligence les germes de tant de perfectionnements apportés à l'industrie des armes. Il le prit enfant en 1820, l'initia à tous les secrets de son art, à ses essais, à ses succès, et lui laissa, en 1834, l'établissement qu'il avait fondé à force de persévérance et de travail.

Terminons la notice du maître par ces paroles que l'élève nous écrivait il y a peu de temps : « Je regrette, chaque jour, de ne pouvoir lui serrer la main et lui faire partager les succès que j'obtiens ; car si je suis aujourd'hui quelque chose, c'est à lui que je le dois. »

M. Deboubert, en cédant sa maison, était revenu dans son pays natal, où il est mort en 1854, à l'âge de soixante-dix-huit ans.

www.ingramcontent.com/pod-product-compliance
Lightning Source LLC
LaVergne TN
LVHW050630090426
835512LV00007B/762